BERVERBET

gedruckt in der
schweiz

Petra Harr
Am Basel Tattoo abseits der Arena

Copyright Petra Harr / *BERVERBET GmbH*
1. Auflage (2015)
Illustrationen: R. E. Singer, CREATIVCENTER - Münchenstein
Korrektorat: Michael Lück - Basel
Portrait-Foto: Photo Basilisk AG - Basel
Layout Umschlag: Petra Harr
Titelbild © Petra Harr / *BERVERBET GmbH*
Lesezeichen-Fotos: Petra Harr
Titel-Fotos: Patrick Straub, Basel Tattoo Productions GmbH
Druck: Werner Druck & Medien AG - Basel
Unabhängige Beratung: Hüseyin Cavuldak, Cavuldak Treuhand - Basel
ISBN: 978-3-9524394-3-2

www.berverbet.ch

Petra Harr

Am
Basel Tattoo
abseits der Arena

Mit bestem Dank an alle Basel Tattoo-Helfer und Mitwirkenden,
die mir ihre Erlebnisse erzählt haben.

Prolog

Lieber Leser, vielen Dank, dass Sie sich dieses Buch gekauft haben.

Natürlich würde ich gerne von Ihnen wissen, warum Sie sich zum Kauf dieses Buches entschieden haben, zu welcher Kategorie von Personen gehören Sie wohl? Lassen Sie mich überlegen… Jetzt habe ich es, Sie sind auch ein freiwilliger Helfer oder eine Helferin am Basel Tattoo und wollen erfahren, was denn sonst noch so um Sie herum am Basel Tattoo passiert? In dem Fall dürfte ich Dich duzen, denn das ist ja das Schöne in dieser grossen Basel Tattoo-Familie, von Anfang an gilt das „Du". Sicher, hie und da gibt es den einen oder anderen, der das noch immer nicht verstanden hat, aber das wird sicher noch werden.

An dieser Stelle möchte ich mich auch gleich bei den Gästen des Basel Tattoos entschuldigen, die ich eventuell einfach so geduzt habe. Es ist in dieser Zeit so bei mir drin und ist sicher nicht respektlos gemeint.

Apropos Gäste, nun bin ich schon bei der nächsten Kategorie, der Sie angehören könnten (wobei Sie bemerken, dass ich wieder zum „Sie" zurückgekehrt bin). Sie haben das Basel Tattoo mindestens einmal besucht und sind daran interessiert zu erfahren, wie dieses enorme Unterfangen überhaupt Jahr für Jahr wieder erneut zum Leben erweckt wird.

Oder gehören Sie zu denen, denen es noch nicht vergönnt

war, das Basel Tattoo zu geniessen? Und Sie haben sich dennoch dieses Buch gekauft? Das finde ich schön. Vielleicht sehen wir uns ja doch einmal bei einer der Vorstellungen oder in der Tattoo Street.

Nun denn, egal zu welcher der drei Kategorien von Lesern Sie gehören. Ich hoffe, Ihre Erwartungen an dieses Buch werden erfüllt, Sie geniessen den kleinen Einblick hinter die Kulissen und vielleicht werden einige Dinge, die Sie schon immer über das Basel Tattoo wissen wollten, in diesem Buch geklärt.

Folgen Sie mir in eine andere Welt, eine kleine eigene Welt in Basel, die einmal im Jahr für uns bis zu zwei Wochen besteht, in die wir als Helfer abtauchen und die wir geniessen. Begleiten Sie mich bei einem Rundgang durch diese Welt auf Zeit, in der wir dazu geneigt sind, die echte, die andere Welt um uns herum zu vergessen, weil wir uns so wohl fühlen, und in der wir wirklich gebraucht werden.

Inhalt

13

14

Wie ich zum Basel Tattoo gekommen bin

An dieser Stelle darf ich mich selbst kurz vorstellen. Meinen Autorennamen kennen Sie ja bereits vom Buchtitel, ich heisse Petra Harr. Ich wurde 1963 in Hamburg geboren und bin dort auch aufgewachsen. 1991 bin ich in die Schweiz übergesiedelt. Zuerst habe ich in Baselland gelebt, dann seit 2008 direkt in Basel. Ich habe hier inzwischen meine eigene Firma gegründet, meinen Lebensmittelpunkt gefunden und fühle mich in Basel ausgesprochen wohl.

Seit 2008 bin ich freiwillige Helferin beim Basel Tattoo, übrigens nicht die einzige Institution, bei der ich freiwillig engagiert bin. Aber ich weiche vom Thema ab.

Lassen Sie mich erzählen, wie ich überhaupt zum Basel Tattoo gekommen bin. Bevor ich mit dem Basel Tattoo zu tun hatte, hatte ich keine Ahnung davon, was das überhaupt ist. Natürlich hatte ich die Plakate, zu damaliger Zeit noch längst nicht so gross und in so grosser Anzahl wie heute, bemerkt. Allerdings habe ich mich gefragt, was denn ein Schotte mit einem Dudelsack mit der Körperkunst „Tattoo" zu tun haben soll? Was hat Basel mit Tätowierern zu tun? Nicht, dass es in Basel keine Tätowierer gäbe, ich habe nur die Reklame dafür nicht verstanden.

Ich gebe zu, zu seiner Zeit habe ich nicht weiter darüber nachgedacht – Tattoos waren für mich nicht von Interesse.

Erst ein paar Jahre später sollte ich aufgeklärt werden. Mein

Sohn erzählte mir, dass er gerne beim Basel Tattoo teilnehmen wolle, ein Freund habe ihn gefragt, ob er nicht Zeit habe, bei dieser Veranstaltung zu helfen. Natürlich war ich erstaunt, dass zum Tätowieren Helfer benötigt werden. Eine kurze Erklärung durch meinen Sohn klärte mein Missverständnis rasch auf.

Heute weiss ich, dass ich mit dem Gedanken an Tattoos und Tätowierer nicht alleine dastand und dastehe. Wenn ich heute jemandem erzähle, dass ich am Basel Tattoo helfe, so kommt es immer wieder vor, dass ich erstaunt gefragt werde, was ich denn mit Tattoos zu tun hätte.

Klarstellen möchte ich an dieser Stelle, dass ich natürlich nichts gegen die Körperkunst habe und sie vereinzelt auch ganz schön finde. Allerdings kann ich mir nicht vorstellen, meinen Körper dafür herzugeben.

Aber ich schweife schon wieder vom Thema ab. Also wieder zurück zu dem Zeitpunkt, an dem mein Sohn mich über das Basel Tattoo aufklärte. „Nein, Mami, das hat nichts mit Tattoos zu tun, das sind Militärbands, die Musik machen, vorwiegend mit dem Dudelsack", erklärte er mir. „Du und Schottenmusik?", fragte ich ihn ungläubig. „Ja, das wird sicher cool, wir helfen dann dort hinter den Kulissen. Ich weiss noch nicht genau, was ich mache, aber man kann da aufpassen, dass keine Unbefugten das Gelände betreten, oder beim Aufbauen oder sonst wo helfen."

„Na ja, wenn Du meinst, da wünsche ich Dir viel Spass dabei", wollte ich das Gespräch beenden. „Da gibt es aber ein

Problem", hielt mein Sohn mich auf. „Da gibt es vorher ein Helfermeeting und an dem muss jeder Helfer teilnehmen, das ist aber genau in der Zeit, in der ich mit meiner Klasse die Abschlussreise mache."

Ich dachte kurz nach und erwiderte: „Kann ich nicht an dem Meeting an Deiner Stelle teilnehmen und Dir dann alles berichten? So schwierig wird das wohl nicht sein." „Mami, das wäre toll, wenn das ginge. Kannst Du mal nachfragen, ob das möglich ist?", bat er und gab mir einen Zettel mit einer E-Mail-Adresse, die der Assistentin des Produzenten.

Natürlich war es möglich, dass ich für meinen Sohn das Meeting besuchen durfte. Zwar war die Assistentin über mein Anliegen erstaunt, das war ihr bisher noch nicht untergekommen, aber sie fand es gut.

Also traf ich zu dem Meeting im Kongresszentrum in Basel ein. Beeindruckt von der grossen Anzahl der Teilnehmer, musste ich meine Vorstellungen vom Basel Tattoo erneut korrigieren. Weg von einer kleinen Veranstaltung hin zu einem Mega-Event.

Ich lauschte also gespannt den Ausführungen der Organisatoren. Ich spürte, wie in mir mehr und mehr die Begeisterung für das Basel Tattoo wuchs. Das war ja alles super organisiert, da macht es sicher Spass zu helfen. Allerdings war für mich der Zug wohl schon abgefahren, für mich war es sehr wahrscheinlich zu spät, mich nun noch dafür zu melden – so dachte ich jedenfalls zu diesem Zeitpunkt.

Dennoch hatte ich einen Lichtblick, es wurden noch Helfer

für die Parade gesucht, das war zumindest ein Anfang, also liess ich es mir nicht nehmen, mich dafür anzumelden.

Am Tag nach dem Meeting entschloss ich mich, zumindest einmal nachzufragen, ob ich nicht doch noch ein Helfer werden könnte. Ich schrieb der Assistentin also erneut eine E-Mail, in der ich meine Begeisterung beschrieb. Und ich wurde erhört: klar durfte ich noch helfen. An diesem Tag wurde ich ein Teil von einem grossen Ganzen.

Nun bin ich schon mehrere Jahre dabei, genauso wie auch mein Sohn, in denen ich viele nette Leute kennenlernen durfte und in denen Freundschaften entstanden sind, die schon ebenso lange anhalten.

Lieber Leser, alles was ich in diesem Buch beschreibe, ist wahrscheinlich so oder so ähnlich passiert, auch wenn es teilweise fast nicht zu glauben ist.

Kurz möchte ich noch erwähnen, dass ich in diesem Buch häufig meine Meinung äussere. Bitte beachten Sie hierbei, dass es sich ganz allein um meine eigene Meinung handelt und in keiner Weise die Meinung der Produktion oder sonstiger Mitwirkenden des Basel Tattoos widerspiegelt.

Ich habe auch meist darauf verzichtet, in diesem Buch Namen zu nennen, auch wenn ich bei den meisten Ereignissen genau weiss, wen es betrifft. Ich wollte keine Namen für die Geschichten erfinden, die mir nicht aus erster Hand zugetragen wurden. Sollte sich jemand in diesem Buch wiedererkennen: herzlichen Glückwunsch! Aber bist Du Dir auch ganz sicher, dass Dir dieser Schuh auch wirklich passt?

Ich werde im Weiteren meist nur von dem Helfer reden, ich habe bewusst auf Formulierungen wie der/die Helfer/in verzichtet, wenn es beide Geschlechter angeht, da durch solche Formulierungen der Lesefluss negativ beeinflusst wird. Mich selbst als Frau stört es nicht, wenn man/frau mich als Helfer bezeichnet. Also, denke ich, kann ich mir diese Formulierung erlauben. Dadurch sollte sich also niemand diskriminiert fühlen.

Nun denn, lassen Sie mich beginnen, lieber Leser, ich gehe davon aus, dass Sie ein Gast des Basel Tattoos sind, waren oder einmal sein werden, das schliesst auch die Helfer ein, diese dürfen ja ebenfalls eine der Vorstellungen mit drei Gästen besuchen.

Bist Du dafür bezahlt worden, dieses Buch zu schreiben?

Nein, das bin ich nicht.

Ich habe mich aus freien Stücken dafür entschieden, dieses Buch zu schreiben, darauf hatte niemand der Basel Tattoo-Produktion direkten Einfluss.

Ich habe das Buch geschrieben, weil ich das Basel Tattoo für eine tolle Veranstaltung halte und ich ein Teil davon bin. Ja, ich bin sogar stolz darauf, dass ich das bin. Jedes Jahr aufs Neue ziehe ich mit Stolz das Basel Tattoo-Shirt an und gehe damit erhobenen Hauptes durch Basel zur Kaserne. Dabei zu sein ist für mich ein sehr schönes Gefühl.

Ich habe dieses Buch geschrieben, weil ich hoffe, Ihnen lieber Leser ein wenig von diesem Gefühl zu vermitteln und Sie vielleicht ein kleines bisschen dafür zu begeistern, wenn Sie es nicht sowieso schon sein sollten.

Immer wieder ist es mir in der Vergangenheit passiert, dass ich über das Basel Tattoo und meine Erlebnisse dabei mit voller Begeisterung erzählt habe, und häufig wurde mir dann gesagt, dass das sicher ein gutes Buch ergebe, wenn ich das alles einmal aufschriebe.

Da dieses Buch ja auch nicht mein erstes Buch ist, habe ich diese Idee dann im Hinterkopf behalten, so lange, bis ich mich nun zur Umsetzung entschlossen habe, schliesslich hatte man mich oft genug zu diesem Buch ermutigt.

Im Gegensatz dazu wurde mir allerdings auch von der Veröffentlichung abgeraten, nachdem das Buch langsam Wirklichkeit wurde, da sich doch eh kein Mensch dafür interessieren würde.

Da Sie, geschätzter Leser, jetzt aber mein Buch lesen, gibt es zumindest einen Menschen, der sich doch dafür interessiert. Also hat sich mein Aufwand schon mal ausgezahlt.

Es wird heute über so vieles geschrieben, also warum nicht auch über das Basel Tattoo. Zumal ich es für eine tolle Sache halte und gerne darüber berichte.

Dieses Buch ist mein Beitrag zur zehnten Ausgabe des Basel Tattoos und ich hoffe, dass ich Sie, lieber Leser, damit ein wenig unterhalten kann.

Muss ich das Buch von vorne nach hinten lesen?

Nein, Sie können das Buch auch von hinten nach vorne lesen. Sie können auch versuchen, das Buch rückwärts zu lesen oder auf dem Kopf, das macht aber nur wenig Sinn.

Nein, im Ernst, Sie können das Buch so lesen, wie Sie es möchten. Jedes Kapitel ist eines für sich, keines baut auf ein vorangegangenes auf. Allerdings kann es daher schon mal vorkommen, dass sich etwas wiederholt, das sollte sich aber in Grenzen halten.

Lesen Sie einfach das Kapitel zu der Frage, die Sie gerade im Moment interessiert, und überspringen Sie die, die für Sie nicht von Bedeutung sind. Natürlich hoffe ich, dass Sie alle Kapitel lesen und Gefallen daran finden.

Was passiert bei der Kaserne, wenn das Basel Tattoo nicht da ist?

Sie sind nicht aus Basel und kennen die Kaserne nur mit dem Basel Tattoo. Kein Problem, wir treffen uns vor dem Bahnhof Basel SBB. Ich hole Sie dort ab, auf dem Centralbahnplatz, dort, wo die vielen Trams abfahren.

Guten Morgen! Da sind Sie ja schon. Willkommen in Basel! Machen wir uns gleich auf den Weg zur Kaserne. Die Kaserne liegt in Kleinbasel. Von hier aus gesehen auf der anderen Rheinseite. Wir befinden uns hier in Grossbasel.

Es ist so schönes Wetter, wollen wir zu Fuss gehen, dann können wir auch gleich einen kleinen Stadtbummel durch die Altstadt Basels machen? Basel hat vieles zu bieten und wenn man sich ein wenig auskennt, gibt es Interessantes zu entdecken.

Nein, Sie haben keine Lust zu Fuss zu gehen, Sie wollen gleich zur Kaserne? Gut, meinetwegen. Dort drüben fährt unser Tram ab. Passen Sie auf, hier kreuzen Trams, Busse, Fahrräder, Taxen und natürlich viele Passanten unseren Weg. Es wundert mich schon, dass hier alle immer aneinander vorbeikommen, ohne dass sie zusammenstossen.

Das bunte Treiben wird hier täglich von den Strassenmusikern begleitet, wollen wir ihnen ein wenig lauschen? Nein, auch das wollen Sie nicht? Ja, ich habe schon verstanden, Sie wollen zur Kaserne.

Da kommt auch schon unser Tram, die Linie 8 Richtung Kleinhüningen oder Weil. Setzen Sie sich doch, die Fahrt dauert rund zehn Minuten, nehmen Sie gerne den Fensterplatz, auch vom Tram aus kann man die Basler Bauten geniessen. Ich soll Ihnen ein wenig über Basel erzählen, ja, das mache ich gerne, es wird sicher nicht langweilig.

Zuerst kommen wir über den Aeschenplatz, einer der Plätze, vor denen ich, sollte ich mal mit dem Auto in Basel unterwegs sein müssen, den meisten Respekt habe. Hier gilt rechts vor links, die Trams, und von denen fahren hier viele, haben immer Vorrang und viele Fussgänger kreuzen Schienen und Fahrbahn.

Ursprünglich sollte hier einmal der Centralbahnhof entstehen, darum wurde hier die gesamte Altstadt abgerissen. Aber aus dem Projekt ist dann nichts geworden.

Dort hinten rechts steht die übergrosse Statue, der unermüdliche „Hammering Man" von Jonathan Borofsky, der tagaus, tagein seinen Hammer wieder und wieder auf ein Werkstück schlägt. Seit 1989 steht er schon dort. Sie meinen, in Frankfurt stehe auch so einer und der sei viel grösser. Ja, das stimmt, die Figur in Frankfurt ist die grösste dieser Figuren des Künstlers. Sie ist mit ihren 21,5 Metern 8 Meter höher als unsere. Auch ist sie viel schwerer, dieser gute Mann hier wiegt gerade mal acht Tonnen, der in Frankfurt bringt das 4-Fache auf die Waage.

Leider ist hier am Aeschenplatz auch das bisher schwerste Tramunglück von Basel passiert. Am 24. April 1947 raste

28

ein Zug ungebremst auf den Aeschenplatz, was zu mehreren Tramkollisionen führte. Bei dem Unfall verloren fünf Menschen ihr Leben und 55 wurden teilweise schwer verletzt, andere Quellen berichten von sechs Toten und 47 Verletzten. Das finden Sie furchtbar? Ja, mir geht es ebenso. Die Ursache wurde übrigens nie wirklich geklärt, offenbar kamen mehrere technische Unzulänglichkeiten zusammen. Auf jeden Fall wurde der Tramfahrer von aller Schuld freigesprochen.

Jetzt sind wir auch schon am Bankverein, diese Haltestelle hiess vor über 100 Jahren auch mal Handelsbank und dann auch Bankenplatz.

Wenn Sie jetzt hier, sobald wir die Haltestelle verlassen, rechts die Strasse Richtung Kunstmuseum hochsehen, können Sie das neue, höchste Gebäude Basels sehen, den Roche-Turm, dieser löst den Messeturm im Kampf um die höchste Höhe ab.

Er ist zwar noch immer nicht ganz fertiggestellt, hat aber seine 178 Meter Höhe bereits erreicht. Es wird bis zu seiner Fertigstellung nicht mehr lange dauern, diese ist für diesen Sommer geplant. Sie meinen, von da oben habe man sicher einen schönen Ausblick? Ja, das denke ich auch. Ein Büro in der 41. Etage würde sicher Spass machen.

Schauen Sie dort, rechts ist der Musiksaal des Stadtcasinos. Dort gab es auch schon Konzerte im Rahmen des Basel Tattoos. Die haben mir sehr gut gefallen, genauso wie im Kongresszentrum in Basel oder auch in Zürich.

Die Musik einiger der Basel Tattoo-Bands lässt sich auch

ohne das Marschieren geniessen. Diese Konzerte sind eine gute Alternative für das Basel Tattoo für den Fall, dass man keine Karten mehr bekommen hat. Für die Konzerte sind meistens noch Karten erhältlich.

Sie wollen nicht in ein solches Konzert, Sie haben schon Karten für das Basel Tattoo? Das ist schön für Sie, ich hoffe Sie geniessen die Show.

Schauen Sie, dort rechts ist der Barfüsserplatz, hier feiert der FC Basel mit seinen Fans seine Siege. Dann geht es hier immer heiss her und hoch hinaus. Sie interessieren sich nicht für Fussball? Alles klar, hätte ich mir fast denken können.

Der Barfüsserplatz, oder auch Barfi oder Seibi genannt, ist häufig schon als Barfüsslerplatz bezeichnet worden, meist von ausländischen Gästen. Das hört sich für die Basler natürlich lustig an. Der Platz hat seinen Namen von dem Bettelorden der Franziskaner, der 1256 hier ein Kloster errichtete. Die Angehörigen dieses Ordens waren immer barfuss unterwegs.

Nun sind wir schon am Marktplatz, wie gefällt Ihnen das Basler Rathaus hier rechts, das rote Gebäude, ist es nicht wunderschön? Es hat erst vor kurzem seinen 500sten Geburtstag gefeiert.

Hallo Sie, ich rede mit Ihnen. Ach, Sie sind mehr daran interessiert, was auf dem Marktplatz passiert. Wie der Name schon sagt, dort findet beinahe täglich der Markt statt, hier bekommen Sie unter anderem immer frisches Gemüse und Obst aus der Region. Ja, ich kann es mir fast denken, Sie essen kein Gemüse, zu gesund.

Schauen Sie nun links, hier sehen wir auf den ehemaligen Fischmarkt Basels, den schönsten gotischen Brunnen der Schweiz. Die Säule mit den Figuren ist übrigens nur eine Kopie, die Originalsäule steht im Historischen Museum. Der Brunnen gefällt Ihnen? Mir auch. Er wird ja auch gut in Schuss gehalten, 2004 wurde er zuletzt restauriert.

Jetzt haben wir auch schon den Rhein erreicht, hier ist die Schifflände, von der aus Sie Ausflugsfahrten auf dem Rhein machen können. Sie ist die älteste Hafenanlage Basels.

Auf einem Teil der Strecke, die wir soeben gefahren sind, fliesst übrigens der Birsig durch Basel in den Rhein. Sie haben nichts von einem Fluss gesehen? Nein, das geht auch nicht, da er zum grössten Teil überdeckt wurde. Früher, als er noch offen durch Basel floss, war er ein übler Seuchenherd. Fäkalien, Schlachtabfälle und Unrat, die in ihm entsorgt wurden, liessen eine stinkende Kloake entstehen, die für die schnelle Verbreitung von Krankheiten wie Cholera und Typhus sorgte und mehrere tausend Menschen dahinraffte.

Auch hat der Birsig häufig für schwere Hochwasser in Basel gesorgt, die viele Menschenleben forderten und auch Häuser zum Einstürzen brachten. Wie hoch das Wasser bei zweien dieser Katastrophen gestiegen war, lässt sich heute an den Wasserstandsmarken des Rathauses ablesen, das ebenfalls davon betroffen war.

Nun fahren wir über die Mittlere Brücke über den Rhein. Übrigens ist diese Brücke die älteste Brücke über den Rhein zwischen Bodensee und Nordsee, die noch existiert. Rechts können wir die beiden Türme des Münsters sehen. Links, ebenfalls noch auf Grossbasler Seite, ist das Hotel „Drei König", wenn Sie dort während des Basel Tattoos übernachten, können Sie direkt mit der Klingentalfähre, sie heisst „Vogel Gryff", über den Rhein zur Kaserne fahren. Schauen Sie dort, auf der anderen Rheinseite, gegenüber vom Hotel, das Gebäude mit den beiden Türmen: Das ist die Kaserne.

Nein, die Fähre ist kein Umweltverschmutzer, sie hat nämlich keinen Motor. Sehen Sie dort das Drahtseil, das sogenannte Gierseil, mit dem die Fähre an der Stahltrosse befestigt ist, die über den Rhein gespannt ist. Allein die Kraft des fliessenden Wassers lässt die Fähre über den Fluss gleiten. Das finden Sie interessant? Das geht mir auch so.

Ich fahre gerne mit einer der Fähren über den Rhein, es ist auch gar nicht teuer. Es gibt übrigens noch drei weitere von diesen Fähren, die St. Johann-Fähre, „Ueli" genannt, die Münster-Fähre, die sich „Leu" nennt, und dann noch die St. Alban-Fähre, die „Wild Maa" heisst.

Ach, Sie haben diese Namen schon gehört, und da gibt es doch einen Feiertag. Ja, das ist richtig, Der „Vogel Gryff" ist ein Feiertag in Kleinbasel, der jedes Jahr im Januar stattfindet. Der „Vogel Gryff", der „Leu" und der „Wild Maa" sind die Ehrenzeichen der drei Ehrengesellschaften Kleinbasels: zum Rebhaus, zur Hären und zum Greifen. An diesem Feiertag ziehen diese drei Figuren durch Kleinbasel, zusammen mit drei Tamburen, drei Bannerherren und vier Ueli, und führen ihre Tänze auf.

Ob man im Rhein schwimmen kann? Ja, sicher, aber das ist nicht ganz ungefährlich, es gibt starke Strömungen und die Rheinschifffahrt findet ja auch noch statt. Am Rheinufer stehen überall Hinweistafeln, auf denen genau die Zonen eingezeichnet sind, in denen das Schwimmen erlaubt ist. Wenn Sie das einmal versuchen wollen, besorgen Sie sich einen Wickelfisch und nehmen Sie am offiziellen Rheinschwimmen teil. An diesem Tag können Sie unter Anleitung Ihre ersten Schwimmzüge im Rhein wagen. Es ist jedes Jahr wieder aufs Neue ein grosses Ereignis in Basel.

Sie wissen nicht, was ein Wickelfisch ist? Im Sommer können Sie den beinahe in jedem Geschäft kaufen. Das sind wasserfeste Beutel, in denen Sie alles verstauen, was Sie nicht zum Schwimmen brauchen, um es mitnehmen zu können, da Sie mit Sicherheit nicht wieder an der Stelle aus dem Wasser steigen werden, an der Sie in den Rhein gestiegen sind. Mit den Wickelfischen geht es dann ab den Rhein hinunter und Sie haben immer alles dabei. Die Wickelfische dienen auch als Schwimmhilfe. Sie werden das mal ausprobieren? Schön, dass ich Sie dafür begeistern konnte.

Wo wollen Sie hin, aussteigen, hier an der Rheingasse? Nein warten Sie, bleiben Sie im Tram. Auch wenn man die Kaserne schon sehen kann, wir bleiben doch besser noch sitzen und fahren zwei Stationen weiter.

Wenn wir an der Haltestelle Kaserne aussteigen, sind wir direkt an der richtigen Stelle, also ich meine im Fall, dass gerade das Basel Tattoo stattfindet. Denn von dort gelangen wir unvermittelt zu den beiden Eingängen zur Arena.

Ja, ich weiss, zurzeit ist kein Basel Tattoo, aber wir werden dennoch erst an der Kaserne aussteigen. Ich gehe nicht so gerne hier durch die kleinen Strassen Richtung Kaserne. Warum nicht, möchten Sie wissen? Aus dem gleichen Grund, warum ich in Hamburg nicht gerne durch die kleinen Strassen St.-Paulis laufe. Ach, das können Sie gut verstehen? Das ist gut.

Wenn jemand, der in einem Rollstuhl sitzt, zum Basel Tattoo kommt, ist es allerdings für diesen besser, hier auszusteigen, von hier aus kommt man schnurstracks zum Seiteneingang des Basel Tattoo-Geländes, der für Besucher mit einem Handikap vorgesehen ist.

Nun biegt das Tram am Claraplatz links ab. Das ist übrigens die Haltestelle, an der man aussteigen sollte, wenn man vom Badischen Bahnhof oder dem Messeparkhaus zum Basel Tattoo kommt. Die Linie 6 ist dann die Richtige. Wenn Sie jetzt beim Abbiegen rechts Richtung Messegelände schauen, sehen Sie den Messeturm, der trotz seiner Höhe von 105 Metern – nun nachdem wir den Roche-Turm gesehen haben – beinahe klein wirkt. Man kann ihn leider nicht mehr ganz sehen, da das neue Messegebäude, im Volksmund wegen seiner äusseren Struktur „Kääsraffle" (für die Nichtschweizer: Käsereibe) genannt, den Blick versperrt.

Wenn Sie jetzt links schauen, da ist auch schon die Kaserne. Lassen Sie uns aussteigen. Sie meinen, es ist ganz anders als während des Basel Tattoos? Ja, da gebe ich Ihnen recht, die Kaserne erscheint riesig. Ist sie nicht beeindruckend? Sie wollen wissen, ob hier wirklich mal Soldaten stationiert waren?

Ja, aber selbstverständlich.

Die Kaserne wurde zwischen 1860 und 1863 auf dem Gelände des Klingentaler Klosters erbaut und bis 1966 von der Schweizer Armee als Ausbildungseinrichtung für Sanitätsrekruten genutzt. Auch musste sie in dieser Zeit als Quartier für Internierte und Flüchtlinge herhalten. Im Jahre 1959 diente sie als Kulisse für eine Szene für den Film „HD-Läppli". Der Architekt Johann Jakob Stehlin d.J. hat übrigens auch den Musiksaal des Stadtcasinos gebaut, an dem wir vorhin vorbeigefahren sind.

Dort, auf dem grossen Platz, der direkt vor uns liegt, im Anschluss an die Wiese, hinter den Bäumen, dort mussten die Soldaten exerzieren. Rechts davon befinden sich eine Reithalle und die beiden Rossställe. Links davon sehen Sie die Klingentalkirche aus dem 13. Jahrhundert, mit Teilen des Museums „Kleines Klingental".

Sie meinen, für ihr Alter sehen die Gebäude doch recht gut erhalten aus. Ja, das stimmt tatsächlich, es wurde aber auch immer wieder saniert und restauriert, um diese schönen Gebäude zu erhalten. Dabei fällt mir ein, dass die Klingentalkirche bei einem Basel Tattoo wegen Restaurierungsarbeiten völlig eingerüstet war. Das war kein schöner Anblick und hat das Gesamtbild des Basel Tattoo-Geländes doch erheblich gestört.

Aber Erik wäre nicht er selbst, wenn er für dieses Problem nicht eine Lösung gefunden hätte. Er hat einfach ein Foto der Kirche in Originalgrösse, natürlich ohne das Gerüst, auf

Tuch aufbringen lassen und dieses dann von aussen an der Einrüstung befestigt. Und was glauben Sie! Es ist doch tatsächlich erst bei genauem Hinsehen aufgefallen, dass man nicht auf die echte Kirche blickte. Sie finden, das war eine gute Idee? Ja, das fand ich auch.

Dort links vor der Kirche befinden sich der Quartiertreffpunkt, ein Kindergarten und ein Boxkeller. Und hier, direkt links von uns, ist die Turnhalle. Rechts von uns befindet sich das Restaurant Parterre und die Kabar. Es ist noch früh am Morgen, darum ist hier noch nicht so viel los. Bei schönem Wetter sind hier viele Leute, sei es auf den Wirtschaftsterrassen, oder hier auf der Wiese, die direkt vor uns liegt.

Sie haben mal über die Wiese im Zusammenhang mit dem Basel Tattoo und Toiletten gelesen? Ja, das ist richtig, diese Wiese hat schon viele Gemüter in Aufregung versetzt. Weil während des Basel Tattoos die Toilettenwagen dort vorne auf der Wiese aufgebaut waren, gab es Theater. Nein, natürlich nicht wegen der Abwässer, die werden selbstverständlich dahin geleitet, wo sie hingehören. Warum denn dann, wollen Sie wissen. Einfach nur darum, weil die Wagen auf der Wiese stehen und die Kinder dann ein paar Quadratmeter Wiese weniger zum Spielen haben.

Darum regt sich jemand auf, wundern Sie sich. Ja, so ist es. Ob das so viel ausmacht, die Wiese ist doch sehr gross. Richtig, das sehe ich auch so, aber lassen Sie uns nicht darüber diskutieren, worüber schon genug diskutiert worden ist. Ich persönlich verstehe einfach nur nicht, dass man sich nur beim Basel Tattoo aufregt. Offenbar wird mit zweierlei Mass gemessen. Denn wenn Messe in Basel ist, ist dieser ganze Platz inklusive der Wiese mit Schaustellergeschäften zugestellt. Da haben die Kinder dann gar keinen Platz mehr zum Spielen.

Sie meinen, das höre sich danach an, als sei das offenbar nur eine rein politische Angelegenheit. Da gebe ich Ihnen recht, so wird es sein. Aber auf jeden Fall stehen die Toilettenwagen nun an einer anderen Stelle, sodass die ganze Wiese den angeblich so zahlreichen Kindern zu 100 Prozent zur Verfügung steht. Lassen wir das Thema, Politik ist nicht mein Ding, ich möchte Ihnen etwas zeigen. Folgen Sie mir in die Turnhalle.

Sie wollen wissen, warum ich Ihnen eine Turnhalle zeigen will, davon haben Sie schliesslich schon genug gesehen. Das kann ich mir gut vorstellen, dass Sie schon einige Turnhallen von innen gesehen haben, aber lassen Sie sich überraschen. Hereinspaziert, ja, ich weiss, diese Turnhalle sieht aus wie jede andere alte Turnhalle, aber schauen Sie mal nach oben, sind die Deckenmalereien nicht beeindruckend? Und, was sagen Sie? Ihnen hat es die Sprache verschlagen, das kann ich verstehen. Eine Augenweide, nicht wahr? Sie stimmen mir zu, ja, das ist ja prima.

Diese Turnhalle wird übrigens zur Dining Hall während des Basel Tattoos. Alle Mitwirkenden und Helfer werden hier verpflegt. Kommen Sie, wir gehen einmal durch die Halle durch und dort rechts durch die Tür. Nun befinden wir uns bei den Umkleideräumen, die wir als Helfer zum Umziehen nutzen können, auch sind hier Toiletten und Duschen. Einer der Umkleideräume wird als eines der Materiallager genutzt. Hier erhalten wir auch unsere Shirts und alles, was zum Sauberhalten der Arena und des Geländes benötigt wird.

Geradeaus können wir das Gebäude wieder verlassen, aber lassen Sie uns vorher einen Blick in den Boxkeller werfen, gehen wir die Treppe hinunter. Hier im Boxkeller, der Heimat des Boxclubs Basel, werden während des Basel Tattoos die Pressekonferenzen abgehalten, und ein Teil der Organisation ist hier auch untergebracht. Kommen Sie, es gibt noch mehr zu sehen. Verlassen wir das Gebäude, hier draussen ist auch gleich der Quartiertreff. Es ist noch nichts los, ist wohl zu früh dafür.

Gehen wir weiter zur Klingentalkirche. Sie interessieren sich nicht für Kirchen? Sie wird auch gar nicht mehr als solche genutzt, hier haben viele Künstler ihre Ateliers. Gut, gehen wir hinüber auf die andere Seite des Kasernenareals. Sie wollen in den Kopfbau der Kaserne? Dieser wird heute von verschiedenen Schulen genutzt. Da gibt es nicht viel zu sehen, das sieht so aus, wie ein Schulgebäude nun einmal von innen aussieht, Gänge und Klassenräume. Wenn das so ist, dann wollen Sie keinen Blick mehr reinwerfen? Gut, gehen wir dort drüben durch das grosse Tor des Seitenflügels.

Sie meinen, hier drin sehe es aus wie in einer Reithalle, mit den hölzernen Banden, nur dass das Sägemehl auf dem Boden fehle. Das liegt daran, dass das eine Reithalle ist. Sie wird nicht mehr als solche genutzt, die Reithalle zusammen mit den beiden Rossställen, die sich gleich anschliessen, werden heute für kulturelle Veranstaltungen genutzt. Kommen Sie, wir durchqueren die Reithalle, dort rechts durch die grosse Tür gelangen wir zu den beiden Rossställen.

Alle drei Räumlichkeiten sind grosszügig und lassen sich auf vielfältige Weise nutzen. Während des Basel Tattoos sind hier die Lounges und der Pub untergebracht. Hier finden in einem Jahr so viele, weltweit bekannte, kulturelle Anlässe statt, dass ungefähr 60'000 Besucher gezählt werden können, wobei die Besucher des Basel Tattoos hier noch nicht mitgezählt sind. Zu dieser Veranstaltung werden inzwischen rund 120'000 Gäste erwartet.

Ich konnte Sie mit den Räumlichkeiten beeindrucken, und Sie freuen sich, dass Sie das Basel Tattoo-Gelände auch einmal ohne das Basel Tattoo erkunden durften. Nun haben Sie ein ganz anderes Bild von dem Gelände. Da bin ich aber froh, dass ich Ihnen das ermöglicht habe.

Wollen wir zurück zum Bahnhof SBB? Nein, Sie wollen zum Badischen Bahnhof. Auch das ist von hier aus kein Problem, kommen Sie, wir gehen zum Claraplatz, der liegt dort, wenn wir die Kaserne nach rechts verlassen. Sie können sich von der Hinfahrt her noch an ihn erinnern? Das ist gut.

Es sind nur ein paar Minuten zu Fuss. Nehmen Sie das Tram Nr. 6, das kommt aus Allschwil und fährt Richtung Riehen. Ich wünsche Ihnen noch einen schönen Tag, ich bleibe noch ein wenig in der Stadt und geniesse das schöne Wetter in einem der Strassencafés.

Wie kommt die Arena in die Kaserne?

Rund zwei Wochen vor der Basel Tattoo-Premiere beginnt der Aufbau der Arena.

Tische und Bänke, die sonst unter den Bäumen stehen, werden zur Seite geräumt. Das Material für die Arena wird abhängig vom Baufortschritt in das Areal geliefert und in der Mitte des Kasernenplatzes bzw. der späteren Arena abgestellt.

Zuerst wird das Grundgerüst des linken Arenaflügels aufgebaut, dann folgt der rechte und im Anschluss der Bogen der Arena. Die Durchgänge für das Publikum und die Musiker entstehen kurz darauf und verbinden die drei Teile miteinander zur grossen Arena. Gleichzeitig werden auch schon die Container für die Information, den Shop und die Badges gestellt. Auch die WC-Container kommen an ihren Platz.

Es herrscht ein reges Treiben der zivilen Arbeiter und der Soldaten, die diese Arbeiten tatkräftig unterstützen. Es wird gehämmert, geklopft und hie und da auch mal mächtig geflucht, wenn etwas nicht so klappt, wie es eigentlich sollte. Der Lärm kann einem schon mal auf die Nerven gehen, aber der hat ja bald ein Ende.

Na ja, Sie haben natürlich recht, dass der Lärm vorerst kein Ende hier auf dem Areal hat. Wenn es nicht der Baulärm ist, dann ist es der Lärm, den das Basel Tattoo und seine Besucher produzieren. Ich meine, der ist aber besser zu ertragen als Baulärm.

Trotz des zeitlichen Drucks, immerhin muss ja alles bis zur Premiere nicht nur aufgestellt, sondern auch abgenommen werden, bleiben alle ruhig und professionell bei ihrer Arbeit, von Hektik ist nichts zu spüren. Die wäre wohl auch falsch am Platz, denn Sicherheit ist natürlich das oberste Gebot, wie auf jeder Baustelle.

Sobald ein Grossteil des Materials verbaut ist, wird auch schon das nächste angeliefert.

Sind die Grundgerüste fertiggestellt, wurden in der Zwischenzeit 400 Tonnen Stahlrohre verbaut. Das entspricht ungefähr dem Gewicht von zwei ausgewachsenen weiblichen Blauwalen oder 12 beladenen LKW.

Jetzt folgt die Bestuhlung, genau 7934 Sitze, und die Zusatzbauten für die Technik werden angelegt. Nun kann auch das Setzen der Sky-Boxen erfolgen. Diese zehn Container werden mit einem mobilen Kran Stück für Stück auf das eigens für sie errichtete Podest in rund zehn Meter Höhe platziert und befestigt. Sie wollen wissen, wie hoch es ganz genau ist. Also gut, die Besucher müssen genau 10,68 m erklimmen, Erik und der Sprecher René Häfliger sowie die weiteren Produktionsmitglieder haben bei 13,62 m ihr Ziel erreicht.

Inzwischen ist beinahe eine Woche vergangen, nun folgt der Auf- und Einbau der Technik in den Sky-Boxen und dem Hauptgebäude der Kaserne. Rund sechs Kilometer Kabel werden verlegt, Lautsprecher und Scheinwerfer montiert sowie die Lichterwände links und rechts in der Arena. In den vergangenen Jahren standen anstelle der Lichtwände in regelmässigen Abständen Scheinwerfer-Kuppeln. Mir persönlich gefallen die Lichtwände besser, da sie nicht so blenden, wie es die Scheinwerfer ab und zu getan haben.

Die Kulisse beim Kasernentor, durch das bei den Shows die meisten Musiker die Arena betreten werden und auf der der Basel Tattoo-Chor die Shows mit seinem Gesang untermalt, wird errichtet.

Die Sky-Boxen werden eingerichtet, die oberen mit der Technik, die unteren mit der Ausstattung und Bestuhlung für die Gäste. Da wird Teppich verlegt, werden Podeste gebaut und Schränke gestellt. Auch der Arenaboden wird innerhalb von ca. vier Stunden mit Bitumen geschwärzt, da dieser sonst nur schmutzig und grau aussehen würde. Das gibt bei den Shows dann ein viel schöneres Bild. Jetzt darf die Arena einen Tag lang nicht mehr betreten werden.

Damit auch sonst nichts mehr an eine Baustelle erinnert, werden alle Gerüstteile der Arena hinter schwarzen Tüchern versteckt, die an langen Drahtseilen aufgehängt werden und der Arena somit ein einheitliches Aussehen verleihen.

Jetzt ist es an der Zeit, dass alles schwere Material seinen Bestimmungsort erreicht hat. Das Areal, das nicht aus festem Boden besteht, sondern nur aus einem Kiesbett, wird nun mit Plastikbodenplatten ausgelegt. Diese Platten dürfen mit schwerem Gerät nicht mehr befahren werden, da sie dieser Last nicht standhalten würden. Sie sind aber nötig, damit keine unschönen Pfützen entstehen können und das Gehen mit hohen Absätzen ein wenig erleichtert wird.

Bei hohen Absätzen fällt mir gerade ein, dass sich einige Helfer aber auch Besucher häufig darüber wundern, dass es Besucher gibt, die in festlicher Kleidung zum Basel Tattoo kommen. Ich muss zugeben, sich eine Besucherin in langem Kleid und High Heels auf einen der Plätze in der Arena vorzustellen, lässt einen schon schmunzeln, das passt irgendwie nicht zusammen. Aber Sie dürfen nicht vergessen, es gibt ja nicht nur die Arenaplätze. In den Sky-Boxen sieht es da schon ganz anders aus, hier passt festliche Kleidung auf jeden Fall hin.

Ausserdem haben einige Besucher ein ganzes Paket erworben oder sie wurden dazu eingeladen, bei dem zumindest ein Aperitif dabei ist, wenn nicht sogar ein mehrgängiges Menü. Bei diesen Paketen gibt es meist einen Dresscode und der lautet „festlich".

Aber ich weiche einmal mehr vom Thema ab, schauen wir lieber, was noch alles gemacht werden muss.

Die Zäune werden aufgestellt und die Eingänge aufgebaut. Die ganzen Zäune werden noch mit grossen Leinwänden der Sponsoren bespannt, die auch gleichzeitig vor neugierigen Blicken schützen.

Die Lounges werden mit Tresen, gemütlichen Sitzecken, Stühlen und Tischen ausgestattet und anschliessend festlich dekoriert. Zuweilen gab es einen mächtigen Kronleuchter, der den festlichen Charakter der Reithalle unterstrich. Dieser wurde jedes Jahr von ein und demselben Helfer montiert und aufgehängt.

Die Dining Hall, die ihren Platz in der Turnhalle findet, ist schon eingerichtet, da hier ja die Verpflegung stattfindet. Auf dem Boden wurde Teppich verlegt, Bänke und Tische wurden aufgestellt sowie auch die Tresen für die Essensausgabe. Mülltonnen säumen eine Wand für den Unrat, der beim Essen anfällt.

Jetzt folgt noch der Feinschliff. Hinweisschilder, Wegweiser und Beleuchtungen werden montiert, die Sitzplätze werden nummeriert und schon können die ersten Proben in der Arena stattfinden.

Wie entsteht die Tattoo Street?

Beinah eine Woche nach dem Beginn des Arenaaufbaus und fünf Tage vor der Premiere bauen Helfer die Tattoo Street auf. Dazu wird die Kasernenstrasse gesperrt, da hier jetzt die Zelte für die verschiedenen Essstände auf der rechten Seite der Strasse aufgebaut werden. Hierbei werden die Helfer von Mitarbeitern des Zeltlieferanten unterstützt. Auch vor der Kaserne werden einige Zelte aufgebaut.

Unentwegt wird Material angeliefert, das von den Helfern in den Zelten verteilt wird. Da sind Kühlschränke für die Esswaren und Getränke, da sind Grills und Salamander, Waschbecken und Zapfanlagen. In jedem Zelt wird genau das aufgebaut, was der spätere Mieter des Zeltes bestellt hat.

Die ganze Zeit wird Material getragen, geschoben, mit dem Gabelstapler umhergefahren, aufgebaut und montiert.

Fachfirmen verlegen Strom und Wasser für die Zelte.

Jetzt werden auch die Container und das Basel Tattoo-Büro eingerichtet. Computer, Drucker und Kopierer werden installiert, Schreibtische, Stühle und Telefone aufgestellt, Lager aufgefüllt und auch die Shops werden ausgestattet. Die Container erhalten ihre Beschriftungen, Wegweiser und Hinweistafeln werden montiert.

Die ersten Cliquen und Vereine kommen, um ihre Zelte in der Tattoo Street zu dekorieren und einzurichten. Schliesslich findet hier in den nächsten Tagen ein reges Treiben statt. Und da soll sich der Besucher hier wohlfühlen und das kulinarische Angebot geniessen.

Da die Kasernenstrasse zu den Zeiten, an denen keine Festivitäten anlässlich des Basel Tattoos stattfinden, für den Verkehr der Anlieferer frei sein muss, werden die Bänke, Tische und Zelte, die die Besucher zum Verweilen einladen, jeden Abend wieder abgebaut, um dann erneut kurz vor Öffnung der Tattoo Street wieder aufgebaut zu werden.

Beim Aufbauen der Tattoo Street ist es schon vorgekommen, dass ein Zelt nicht da aufgebaut worden ist, wo es aufgebaut werden sollte, obwohl es auch dafür einen Plan gibt: entweder stimmte die Art des Zeltes nicht, die Farbe oder der Sponsor. Das ist dann der Moment, wo man laufende Zelte beobachten kann, weil zwei Zelte ihre Plätze tauschen müssen. Es ist schon ein lustiger Anblick, wenn vier Helfer, an jeder Ecke des Zeltes einer, versuchen, möglichst synchron zu laufen, und so das nicht gerade leichte Zelt an seinen neuen Bestimmungsort bringen.

Was verdient ein Basel Tattoo-Helfer?

Das ist genau die Frage, die mir häufig gestellt wird, nachdem ich meinem Gegenüber klargemacht habe, dass es sich beim Basel Tattoo nicht um die Körperkunst handelt. „Und was bekommst Du dafür, dass es sich für Dich lohnt, Deinen Urlaub dafür zu opfern?"

Eigentlich ist diese Frage ja völlig überflüssig, da ich ja schon gesagt habe, dass ich als *freiwilliger* Helfer am Basel Tattoo arbeite. Aber dennoch gebe ich eine Antwort: „Mindestens 2400!" Stopp, bleiben Sie ruhig, Sie, der Sie gerade schon nach der Adresse für die Anmeldung als Helfer suchen, oder Sie, der Sie bei einer Ausgleichskasse arbeiten und schon nachrechnen, wie viele AHV-Gelder wohl in den letzten Jahren nicht bezahlt wurden, auch Sie, lieber Steuerbeamter, grübeln Sie nicht länger darüber nach, warum dieses Einkommen nie in irgendwelchen Steuererklärungen deklariert wurde.

Ganz einfach, es handelt sich nicht um Schweizer Franken, sondern um Minuten. Denn das ist genau die Zeit, die von einem Helfer als Mindesteinsatz gefordert wird. Na ja, so mehr oder weniger. Ein Helfer hat fünf Einsätze zu leisten, wobei nicht unbedingt jeder Einsatz acht Stunden beträgt. Also sollte meine Antwort besser lauten: „Mindestens 2400 Minuten super Zeit zusammen mit tollen Leuten und schönen Momenten."

Das ist allerdings nicht alles. Für alle, denen das Materielle so wichtig ist: Ein Helfer erhält bei seinem ersten Einsatz eine Basel Tattoo-Regenjacke und -Kappe, auf diese muss er schön achtgeben, da er diese nur einmal bekommt, also jedes Jahr wieder einsetzen muss.

Jedes Jahr neu bekommt jeder Helfer drei Basel Tattoo-Staff-Shirts, damit Sie als Gast uns auch sofort als Helfer ausmachen können. Das ist aber noch nicht alles, eine Freikarte im VIP-Bereich für eine Hauptprobe, sowie drei Freikarten in den anderen Sitzkategorien entschädigen auch die Angehörigen des Helfers. Weiterhin gibt es für jeden Einsatz Gutscheine im Wert von 10 Franken, die in der Tattoo Street sowie im Basel Tattoo-Shop einlösbar sind.

Ach ja, das Wichtigste hätte ich fast vergessen, die Verpflegung ist natürlich auch gewährleistet, und zwar den ganzen Tag.

Damit wir Helfer für Sie als Besucher gut zu erkennen sind, reichen die Shirts alleine ja nicht aus, es gehört zu unserer Pflicht, zu diesem Shirt eine schwarze Hose oder einen schwarzen Rock zu tragen, genauso wie schwarze Schuhe. Oh je, jetzt müssen wir sogar selbst auch noch investieren, denn diese bekommen wir nicht. Für mich ist das okay, kann man doch die einmal gekauften Hosen, Röcke und Schuhe jedes Jahr wieder speziell für das Basel Tattoo hervorholen, sofern man diese Dinge im normalen Leben nicht trägt. Bei den Röcken ist sogar eine Mindestlänge vorgeschrieben, an die sich einige der ganz jungen Helferinnen nicht immer halten. Aber deswegen hat, glaube ich, noch nie jemand Ärger bekommen. Sicher stört es auch niemanden, solange es schöne

Beine sind, die da zur Schau gestellt werden.

Auch das Helferfest ein paar Monate nach dem Tattoo sei hier zu erwähnen, genauso wie die DVD oder CD und auch das Programm, in dem jeder namentlich erwähnt wird, entschädigt uns.

Das Helferfest ist übrigens ein tolles Ereignis. Alle Helfer treffen sich zu einem Gala-Dinner von hervorragender Qualität. Während des Essens sorgt ein Show-Programm für Abwechslung. Mit viel Musik und Tanz klingt der gesellige Abend dann aus.

Für die langjährigen Helfer gibt es eine kleine Ehrung. Nach dem bronzenen Basel Tattoo-Pin, den jeder Helfer bekommt, bekommt ein Helfer, der fünf Jahre dabei war, den silbernen Basel Tattoo-Pin auf dem Helferfest überreicht. Nun spekulieren also alle Helfer, die in diesem Jahr zum zehnten Mal dabei sein werden, auf einen goldenen Pin.

Aber all das Vorgenannte ist nichts gegen die Erfahrungen, die wir als Helfer machen. Dinge, die Sie als Gast kaum mitbekommen.

Erkunden Sie den Inhalt dieses Buches und Sie werden an einigen Stellen erkennen, was der wahre Lohn für den Einsatz als Helfer am Basel Tattoo ist – Erlebnisse, die sich mit keinem Frankenwert bezahlen lassen.

Haben Helfer besondere Privilegien?

Sie meinen, ob ich in einem Laden in Basel etwas billiger bekomme, wenn ich sage, dass ich ein freiwilliger Helfer am Basel Tattoo bin?

Nein, ich denke nicht, aber wenn ich so darüber nachdenke, ich habe es auch noch nie ausprobiert – vielleicht sollte ich das mal beim Bäcker versuchen.

Na ja, Ihre Frage ist nicht ganz so weit hergeholt. Wir haben tatsächlich ein paar Privilegien. Es gibt teilweise Veranstaltungen, bei denen wir Eintrittskarten günstiger bekommen. Auch können wir Basel Tattoo-Tickets vor dem offiziellen Vorverkauf kaufen.

Was ich aber als besonderes Privileg empfinde, dass wir zu unserem Geburtstag und auch zu Weihnachten eine Karte vom Basel Tattoo bekommen, die von Erik persönlich unterzeichnet ist. Entgegen der Meinung einiger Helfer, die bei der Unterschrift von einem Druck ausgehen. Ich freue mich jedes Jahr darüber.

Wie viele Helfer sind jedes Jahr im Einsatz?

Oh je, das ist eine schwierige Frage. Die Zahl der Helfer variiert sicher jedes Jahr, da die Aufgabenstellungen ja auch nicht immer gleich sind. In einem Jahr werden mehr Helfer benötigt als im anderen, wenn zum Beispiel Tiere mit auftreten, werden sicher einige Helfer mehr gebraucht als ohne Tiere.

Inzwischen sind es so um die 550 freiwillige Helfer, eine stolze Summe, wie ich meine. Sie wollen genaue Zahlen? Dann gebe ich Ihnen einen Tipp, nehmen Sie sich das Basel Tattoo-Magazin vor, das Sie sicher noch von einem der letzten Jahre irgendwo im Regal liegen haben, und schlagen eine der letzten Seiten auf. Dort sind alle Helfer namentlich aufgeführt. Viel Spass beim Zählen.

Sie können die Seite mit den Helfern nicht finden? Dann haben Sie das Magazin aus dem Jahr 2010 aufgeschlagen, in diesem Jahr sind die Namen nicht abgedruckt worden, aber dafür ist es besonders einfach, deren Zahl herauszufinden, die steht nämlich in Eriks Vorwort.

Wenn Sie stolzer Besitzer aller Basel Tattoo-Magazine sind, können Sie also für jedes Jahr die Helferanzahl ermitteln. Sie werden feststellen, dass in den ersten Magazinen immer noch ein Gruppenbild der Helfer zu sehen ist und dass deutlich weniger Helfernamen verzeichnet sind als in den späteren Jahren, darum wurde die Schrift auch immer kleiner. Die Anzahl hat also zugenommen. Auf das Gruppenbild wurde dann später verzichtet, ist ja auch ganz schön schwer, so viele

Menschen auf ein Bild zu bringen, das noch dem Anspruch gerecht werden muss, dass jeder Einzelne auch wirklich erkennbar ist.

Mir als Helfer kommt die Zahl jedes Jahr sehr hoch vor, das wird immer dann deutlich, wenn wir uns zu den Helfermeetings treffen, wo dann alle Helfer zusammenkommen. Auch heute kann ich nicht sagen, dass ich alle Helfer kenne, da ja auch immer wieder einige gehen und neue hinzukommen. Es sind so viele Helfer, dass man, wenn man das Jahr über durch Basel geht, immer irgendjemanden vom Basel Tattoo trifft.

Ist es Ihnen auch schon passiert, dass Sie in der Stadt gegrüsst werden und Ihnen in dem Moment beim besten Willen nicht einfällt, wer diese Person ist und woher Sie sie kennen? Natürlich grüssen Sie höflich zurück, sind dann aber für den Rest des Tages damit beschäftigt, im Geiste alle Örtlichkeiten durchzugehen, an denen Sie sich für gewöhnlich aufhalten, um zu prüfen, ob Sie die Person eventuell von dort kennen. Das lässt Ihnen so lange keine Ruhe, bis es Ihnen dann endlich einfällt.

Ich habe es da einfacher, wenn mich jemand grüsst, von dem ich in dem Moment nicht wirklich weiss, woher ich diese Person kenne, denke ich als Allererstes ans Basel Tattoo und meistens habe ich dann auch dort schon den Treffer. Allerdings bezweifele ich, dass ich mich noch an den Namen erinnern kann, damit habe ich echte Probleme.

Wer kann freiwilliger Helfer sein?

Diese Frage ist schnell beantwortet:

Jeder, der Lust und Laune hat, kann ein freiwilliger Helfer sein, insofern er mindestens 18 Jahre alt ist und für seinen Einsatzort geistig und körperlich fit ist.

Sie finden unter uns Helfern Leute aus allen Bereichen der Berufswelt, sowie auch Arbeitslose und Rentner. Sie finden bei uns Handwerker, Büroangestellte, Geschäftsführer, Verkäufer, Gärtner, Autoren, Doktoren und und und … Ich könnte hier eine beinahe endlose Liste aufführen.

Natürlich müssen Sie auch die Zeit haben, um mindestens an fünf Tagen Einsätze zu leisten.

Viele von uns nehmen sich für die gesamte Zeit des Basel Tattoos Urlaub. Aus meiner Sicht macht das auch Sinn, zumal, wenn ich aus meiner persönlichen Erfahrung spreche.

Häufig macht man ja beim Basel Tattoo einen völlig anderen Job als in seinem normalen Leben und diese ungewohnte, meist körperliche Arbeit kann einen da doch ganz schön schlauchen, sodass es, wenn man noch seinem normalen Job nachgeht, recht anstrengend sein kann.

Für die Hardcore-Helfer, das sind die, die mehr als einen Einsatz am Tag leisten und in verschiedenen Teams tätig sind, ist Urlaub zwingend, da diese beinahe rund um die Uhr auf dem Gelände des Basel Tattoos anzutreffen sind – ja, auch solche Helfer gibt es.

Diese Art von Helfern lässt sich gut daran erkennen, dass diese, sobald sich eine Gelegenheit dafür bietet, sich eine Mütze Schlaf gönnen.

Kann man Helfer sein, wenn man ein Handikap hat?

Aber selbstverständlich können auch Menschen mit einem Handikap am Basel Tattoo helfen. Es ist natürlich klar, dass sie nicht in jeder Helfergruppe zum Einsatz kommen können, sondern nur in den Gruppen, die Arbeiten fordern, die für einen Menschen mit Handikap zumutbar sind. So arbeitet z.B. ein Helfer, der im Rollstuhl sitzt, im Büro oder andere mit einem körperlichen Handikap in der Materialausgabe.

Auch beim Basel Tattoo wird darauf geachtet, dass möglichst Barrierefreiheit gilt, sofern das auch realisierbar ist. So werden extra vor dem Büro und den WC-Wagen vom Helfer-Bau-Team Rampen errichtet.

So ist auch die erste Reihe im Kopfsektor der Arena für Besucher im Rollstuhl und deren Begleiter reserviert. Ebenfalls ist der Seiteneingang zum Basel Tattoo-Gelände für Menschen mit Handikap vorgesehen. Wenn Sie körperlich eingeschränkt sind, quälen Sie sich nicht die Treppen zu den Haupteingängen hinunter, sondern suchen Sie gleich den Seiteneingang auf. Dieser befindet sich beim Kirchengebäude.

Wenn es allerdings schon sehr voll ist, weil schon alle Sitzplätze der Tattoo Street belegt sind und sich eine breite Menschenmasse von Zelt zu Zelt schiebt, ist es eventuell einfacher, einen kleinen Umweg durch die Parallelstrasse zu machen, als sich durch die Menschenmengen hindurch zu kämpfen.

Melden Sie sich dort, wenn sie Hilfe benötigen, es gibt extra ein Helferteam, das sich um Ihre Belange kümmert. Dieses Team geleitet auch direkt nach Show-Ende die Rollstuhlfahrer und gehbehinderten Besucher aus der Arena, damit sie nicht in das Getümmel mit den anderen Besuchern geraten.

Ich stand einmal beim Seiteneingang des Basel Tattoo-Geländes, neben mir sass der Helfer, der im Büro arbeitet und im Rollstuhl sitzt. Die Show war soeben beendet und alle Besucher mit einem Handikap kamen an uns vorbei. Der Helfer im Rollstuhl sagte zu mir, „Schau mal, ist das nicht toll: wir bekommen jeden Tag eine Parade zu sehen – eine Rollstuhlparade." Ich konnte dem nur lächelnd zustimmen.

Wo übernachten die Helfer?

Da die meisten Helfer aus Basel und seiner Umgebung kommen, übernachten diese zuhause. Es gibt aber auch Helfer, die von weiter weg extra für die Basel Tattoo-Zeit nach Basel kommen.

Da ist zum Beispiel eine Familie, die ursprünglich bei einer der Musik-Tanz-Formationen dabei war. Ihnen hat das Ganze so gut gefallen, dass sie sich dazu entschlossen haben, auch einmal als Helfer am Basel Tattoo teilzunehmen. Nun kommt diese Familie schon seit Jahren und unterstützt das Helferteam und zwar für die ganzen zwei Wochen. Da die Familie aus Zürich kommt, übernachten sie in dieser Zeit in einem Hotel, für das sie auch selbst aufkommen.

Aus dieser Musik-Tanz-Formation haben sich übrigens noch mehr Mitglieder dazu entschlossen, als Helfer am Basel Tattoo tätig zu sein. Nicht alle können oder wollen es sich leisten, ein Hotel zu bezahlen, wenn sie von weiter weg sind, daher versuchen sie dann anderweitig unterzukommen.

Ich hatte einmal durch Zufall mitbekommen, dass zwei junge Damen dieser Gruppe, sie kamen aus Luzern, eine günstige Übernachtungsmöglichkeit suchten und daher im Basel Tattoo-Büro danach fragten. Da ich zu dieser Zeit noch eine relativ grosse Wohnung hatte, konnte ich die beiden bei mir unterbringen. Sie blieben auch nicht die einzigen Helfer, die bei mir bzw. bei mir und meinem Sohn übernachteten, denn auch mein Sohn bot anderen Helfern diesen Service an.

So war unsere Wohnung also für einige Jahre jedes Jahr zum Basel Tattoo komplett ausgebucht.

Nun, nachdem mein Sohn ausgezogen ist, und auch ich eine kleine Wohnung bezogen habe, ist das leider nicht mehr gut möglich. Aber ich weiss, dass auch viele andere Helfer kostenfreie Schlafplätze für die Helfer von ausserhalb anbieten.

Welche Arbeiten werden von den Helfern ausgeführt?

Jetzt muss ich weit ausholen. Sie haben es selbst festgestellt, wenn Sie einmal das ganze Basel Tattoo-Gelände rund um die Kaserne betrachtet haben: da muss vor, während und nach dem Basel Tattoo viel geleistet werden. Für diejenigen unter Ihnen, die den Bereich um die Kaserne nur während des Basel Tattoos kennen, sei hier erwähnt, dass es dort normalerweise keine Arena gibt, keine Toilettenwagen, keine Verpflegungs- und Bierzelte in der Strasse neben der Kaserne, und auch keine Container für Auskünfte, Basel Tattoo-Accessoires oder Eintrittskarten und natürlich gibt es auch keine Zäune zwischen Kasernenplatz und Wiese.

Alles, was es vor dem Basel Tattoo nicht gibt, muss also auf- und wieder abgebaut werden. Das ist der Zeitpunkt, wo die ersten Helfer zum Einsatz kommen. Selbstverständlich baut kein Helfer die Arena mit auf oder setzt die Container; hier wird Sicherheit grossgeschrieben. Das sind Arbeiten für Profis, also erledigen die Firmen, die diese Dinge bereitstellen, das selbst. Allerdings werden diese von Soldaten der Schweizer Armee unterstützt.

Mit dem Aufbau der Arena wird meist zwei Wochen vor dem Start des Basel Tattoos begonnen. Einige wenige Helfer sind auch jetzt schon im Einsatz. Dann, eine Woche vor dem Basel Tattoo, wird die Tattoo Street aufgebaut, die Container und andere Räumlichkeiten eingerichtet. – Jetzt ist schon ein grosser Anteil an Helfern im Einsatz.

Während des Basel Tattoos müssen die Helfer natürlich dabei mithelfen, dass alles reibungslos abläuft.

Nach dem Basel Tattoo muss das ganze Gelände dann wieder in seinen Urzustand versetzt werden, was ja auch noch eine gewisse Zeit in Anspruch nimmt. Es kann also passieren, dass ein Helfer für das Basel Tattoo bis zu vier Wochen im Einsatz ist – natürlich ganz freiwillig.

Alle Helfer gehören einem der verschiedenen Helferteams an. Jedes Team hat seine festen Aufgaben. Den Auf- und Abbau habe ich schon erwähnt. Dann sind da natürlich auch die blauen Container um das Basel Tattoo-Areal, die unter anderem auch mit Helfern besetzt sind. Sie geben Auskünfte, verkaufen Tickets oder Merchandise.

Andere Helfer sind für die Sicherheit zuständig, für die Unterstützung der Technik und der Regie. Auch werden Helfer für die Gästebetreuung eingesetzt oder in der Administration. Sie sind Chauffeure, LKW-Fahrer, Bandbetreuer, Barkeeper, Eintrittskontrolleure, Programmverkäufer, Essenausgeber, Aufräumer oder Platzanweiser.

Im Laufe dieses Buches werden Sie die Arbeiten der einzelnen Teams kennenlernen. Immer wieder wird der eine oder andere Helferjob erwähnt. Wenn Sie also das ganze Buch gelesen haben, sollten Sie über alle Arbeiten, die durch die Helfer ausgeführt werden, informiert sein.

Gibt es ein Helferteam, in dem man viele verschiedene Arbeiten ausüben kann?

Wie bitte, Sie haben Angst vor der Routine? Die gibt es beim Basel Tattoo nicht, da ist jeder Tag anders, schlimmer oder besser als der vorangegangene. Ich denke nicht, dass es Helfer gibt, die der Routine verfallen.

Aber gut, zurück zu der Frage. Wer von uns Helfern vielseitig interessiert ist und gerne mal hier und da im Einsatz ist, ist im Springerteam hervorragend aufgehoben. Immer wenn in einem anderen Helferteam jemand zu wenig ist, sei es, weil jemand krank geworden ist oder weil plötzlich Arbeit anfällt, die nicht geplant war, dann kommen die Springer zum Einsatz.

Sind allerdings alle Helfer des Springerteams schon verteilt und tritt in einem Team dennoch ein Engpass auf, so hilft dann eines der anderen Teams mit einem Helfer aus, der gerade entbehrlich ist.

Ich bin zwar nicht in diesem Springerteam, bin aber trotzdem schon an vielen Orten im Einsatz gewesen, weil irgendwo jemand kurzfristig ausgefallen ist und ich gerade keinen Einsatz hatte. So waren einmal meine Teamkollegen doch recht erstaunt, dass sie mich plötzlich in der Dining Hall antrafen, wo ich damit beschäftigt war, Kaffee auszugeben.

Arbeiten Helfer beim Aufbau?

Ja, auch dafür sind Helfer zuständig. Dieses Team ist beinahe rund um die Uhr im Einsatz. Intern sind die Damen und Herren auch als Trouble-Shooter bekannt. Gib es zu, lieber Leser, der Du ein Helfer des Basel Tattoos bist, im Geiste hast Du mich gerade korrigiert: „Die heissen Traubenschüttler!" Ja ich weiss, aber ich wollte hier doch nicht zu sehr aus dem Nähkästchen plaudern. Aber nun ist es doch passiert, also die Traubenschüttler, äh, Trouble-Shooter machen ihrem Namen alle Ehre. Wobei sie heute ganz offiziell „Bau-Team" genannt werden.

Schon während des Aufbaus sind sie dafür zuständig, alles zu bauen, was für die Arena benötigt wird und nicht von der Stange kommt. Da werden Podeste gebaut, Treppenstufen erstellt und Rampen angefertigt. Diese Teammitglieder sind handwerklich äusserst geschickt und sind Meister der Improvisation. Sie verwalten das ganze Werkzeug und alles Material, das irgendwo benötigt werden könnte.

Sie werden jederzeit gerufen, wenn etwas nicht hält, wackelt oder zu fest ist. Es ist auch vorgekommen, dass sie eine Arbeit, die sie gerade noch erledigt hatten, wieder rückgängig machen mussten. Nein, sie sind nicht wirr, sie führen ja nur die Aufträge aus.

So wurde mir zum Beispiel, als ich im Sicherheitsdienst vor den Sky-Boxen tätig war, zugetragen, dass eines der Podeste in der Sky-Box, auf denen die Stühle ständen, ein wenig

wackeln würde und das sei ja schliesslich gefährlich. Pflicht-
bewusst wie ich bin, informierte ich das Bau-Team, obwohl
ich das Wackeln nicht wirklich schlimm fand, aber Sicherheit
geht vor.

Ehe ich mich versah, waren diese auch schon zu zweit ange-
rückt, um eine Schraube zu setzen, die dem Wackeln Einhalt
gebot. Als dann aber kurz vor Show-Beginn wieder zwei Herren vom Bau-Team erschienen, um genau diese eine Schraube wieder zu entfernen, verstand ich die Welt nicht mehr.

Ein Herr des Catering-Teams, das in den Sky-Boxen tätig
war, klärte mich auf. Dieses Podest würde immer ein wenig
wackeln, weil sich unter diesem Podest eine weiteres befinde,
das man zur Seite herausziehen könne, sodass ein weiterer
Sitzplatz zur Verfügung stehe. Natürlich lasse sich das Podest
nur herausziehen, wenn es nicht angeschraubt sei. Oh je, das
hatte ich natürlich nicht gewusst.

Übrigens machen Sie sich bitte nicht darüber lustig, dass
zwei Trauben..., sorry, Trouble-Shooter kommen, um eine
Schraube rein- bzw. rauszudrehen. Jedes Team bekommt einfach den Auftrag, da oder dort zu erscheinen, weil ein Problem besteht. Was dann genau gemacht werden muss, erfahren
sie meist erst vor Ort. Und wenn dann nur eine Schraube
zu bewegen ist, ist es halt so, dass einer schraubt und einer
zusieht.

Arbeiten Helfer im Büro?

Ja, es gibt auch Helfer, die die Angestellten des Basel Tattoos im Büro tatkräftig unterstützen. Da müssen Hinweisschilder oder Informationen gedruckt, kopiert oder laminiert werden. Fragen der Bandmitglieder, Helfer, Handwerker und Lieferanten sind zu beantworten, und natürlich müssen die Telefone bedient werden. Alles Mögliche rund um das Basel Tattoo ist zu organisieren und zu regeln.

Die Helfer des Büros sind von früh morgens bis weit nach Ende der letzten Show im Einsatz.

Sie haben keine Vorstellung davon, was alleine an Fundsachen zu registrieren ist. Jedes Fundstück wird genau mit der Beschreibung des Fundortes beschriftet, damit es leichter wieder an seinen Besitzer vermittelt werden kann. Es ist kaum zu glauben, was alles während einer Show allein in der Arena verloren geht. Schirme, Brieftaschen, Jacken, Handys, Schals, Brillen, Uhren, Ketten und Eheringe haben schon den Weg in das Basel Tattoo-eigene Fundbüro gefunden.

Sollten Sie also einmal etwas in der Arena verloren haben, so lohnt sich auf jeden Fall ein Anruf im Basel Tattoo-Büro, die Chancen, den verlorenen Gegenstand wiederzubekommen, sind recht gross. Sollten Sie den Verlust bereits gleich nach der Show bemerken, so macht es auf jeden Fall Sinn, direkt im Büro eine Beschreibung sowie den möglichen Ort, an dem Sie den Gegenstand verloren haben, zu hinterlegen.

Die Helfer, die nach der Show, entweder direkt im Anschluss an die Show bei den Nachmittagsvorstellungen oder am nächsten Morgen bei den Spätvorstellungen, die Arena reinigen, werden dann besonders aufmerksam nach Ihrem abgängigen Gegenstand Ausschau halten.

Arbeiten Helfer bei der Info?

Aber selbstverständlich. Es ist doch häufig so: Wenn Sie das Basel Tattoo zum ersten Mal besuchen, kommt es sicher vor, dass Sie Auskünfte rund um den Basel Tattoo-Besuch benötigen. Sollte das der Fall sein, so suchen Sie einen der blauen Container auf, der mit „Info" beschriftet ist. Hier finden Sie die Helfer, die Ihnen rund um das Basel Tattoo Auskunft geben. Oder Sie lesen alle Kapitel dieses Buches.

„Wo ist der richtige Eingang für mich?", „Wo sind die Toiletten?", „In welchem Zelt in der Tattoo Street ist die Clique xyz zu finden?", um nur einige Fragen zu nennen, die den Helfern gestellt werden.

Das hört sich einfach an, hat aber auch so seine Tücken, da häufig Organisatorisches in der letzten Minute geändert wird, allerdings ohne diese Änderungen immer gleich sofort mitzuteilen. Dann kann es schon mal zu Fehlinformationen kommen.

Diese Damen und Herren werden allerdings auch mit allen möglichen Fragen bedacht, die nicht immer nur um das Basel Tattoo gehen. Jede Art von Auskunft wird hier von den Besuchern, den Touristen oder Spaziergängern verlangt.

„Wo befindet sich die nächste Bank", „Wie lange haben die Museen in Basel geöffnet?", „Wann fährt der nächste Zug nach Zürich?", „Kann man im Rhein schwimmen?"

Einige der Helfer, die schon Jahre dabei sind, sind bereits zu wahren Informationsexperten, was Basel und den Basler Tourismus angeht, herangereift.

Allerdings müssen sie sich auch viel Unangenehmes anhören. Da sind die Gäste, die sich darüber beschweren, dass sie kein Ticket mehr bekommen haben oder dass es in der Tattoo Street so voll ist, oder über etwas, was einfach mal falsch gelaufen ist.

Viele dieser Beschwerden werden von diesen Helfern selbstverständlich aufgenommen und weitergeleitet, sofern die Beschwerden berechtigt sind und man etwas dagegen unternehmen kann.

Allerdings eine solche Beschwerde, wie die einer Dame, die es einfach nicht verstehen konnte, dass niemand während der Vorstellung auf ihren Hund aufpassen kann, wird wohl eher nur ungläubig beschmunzelt.

Aber bei den Helfern dieses Teams landen zum Glück nicht nur die Beschwerden, häufig genug kommen auch die Gäste, um sich für die tolle Show zu bedanken, oder erzählen, was ihnen in der Show besonders gut gefallen hat. Oder sie bedanken sich einfach für die tolle Betreuung, die ihnen während ihres Besuches am Basel Tattoo widerfahren ist.

Arbeiten Helfer in der Logistik?

Die Logistik ist ein wichtiges Thema beim Basel Tattoo. Ohne die würde nichts funktionieren. Auch dort sind freiwillige Helfer im Einsatz.

Das ganze Material, das während des gesamten Basel Tattoos benötigt wird, wird in einer der Messehallen zwischengelagert, da auf dem Basel Tattoo-Gelände nicht genug Platz dafür ist.

Leider wissen das nicht alle Lieferanten. So ist es auch schon vorgekommen, dass früh morgens eine Wagenladung mit Waren vor dem Basel Tattoo-Gelände abgeladen wurde, wo sie natürlich nur im Weg herumstand.

Dann war es die Aufgabe der Helfer, alles wieder in den Basel Tattoo-LKW zu laden, damit es in die Messe gebracht werden konnte.

Das Logistikteam sorgt dafür, dass jeden Tag die benötigten Waren zum Basel Tattoo-Gelände geliefert werden, damit alles vorrätig ist. Sie stellen sicher, dass immer genügend Programme für die Besucher vorhanden sind. Auch stellen sie sicher, dass bei Regen die Regenpelerinen rechtzeitig zur Türöffnung zur Verfügung stehen.

Das Werbematerial ist ebenfalls in der Messehalle gelagert. Da das teilweise zusammengestellt werden muss, haben die Helfer immer etwas zu tun. Ich persönlich möchte nicht so gerne in dem Team arbeiten, nicht, dass die Teammitglieder nicht nett wären, nein, ganz im Gegenteil, ich verstehe mich mit ihnen recht gut. Nein, es liegt daran, dass man so weit vom Schuss ist und nicht direkt im Geschehen. Ich habe einmal ausgeholfen und gefühlte 100'000 Aufkleber auf Broschüren geklebt.

Diese Arbeiten haben wir in der Messehalle ausgeführt. Das war nichts für mich, das Kleben hat mir nichts ausgemacht, aber dass ich von dem ganzen Geschehen beim Basel Tattoo nichts mitbekommen habe und den halben Tag in der mit Neonröhren beleuchteten Messehalle verbringen musste, während draussen das schönste Sommerwetter war, das hat mir schon etwas ausgemacht.

Aber auch diese Arbeiten müssen natürlich gemacht werden und es ist schön, dass auch dafür immer Helfer zu finden sind.

Arbeiten Helfer auch in der Tattoo Street?

Die ganzen Essstände, die Sie in der Tattoo Street besuchen können und bei denen Sie die verschiedensten kulinarischen Köstlichkeiten geniessen können, werden ja, wie Sie, lieber Leser, vielleicht wissen, von Cliquen und Vereinen betreut. Da sind also keine Helfer im Einsatz. Nein, das stimmt nicht ganz, es gibt natürlich Helfer, die auch Mitglied in einem der Vereine oder die in einer Clique sind, also vielleicht dann auch dort im Einsatz sind.

Aber in der Tattoo Street befindet sich auch das Zentrallager, wo alles gelagert ist, das für die Tattoo Street-Stände benötigt wird. Der Warenbestand wird von einem Helferteam betreut, das immer für Nachschub sorgt.

Die Damen und Herren dieses Teams sind nicht nur für den Nachschub für die Tattoo Street verantwortlich, sie sorgen auch dafür, dass in der Cast-Bar und den Lounges genügend Getränke zur Verfügung stehen.

Um das Basel Tattoo-Gelände während der Shows nicht mit Getränken durchqueren zu müssen, sind vor den Lounges Kühlwagen platziert, in denen die Getränke schön kühl bleiben. Vorausgesetzt, es passiert kein Zwischenfall wie in dem einen Jahr, in dem einer dieser Kühlwagen ausfiel. Es war sehr mühsam, den defekten Wagen wieder nach draussen zu befördern, um dem Ersatzwagen Platz zu schaffen, wo doch schon alle Zäune usw. standen. Eine halbe Ewigkeit haben die Helfer und die Angestellten der Lieferfirma benötigt, um den Austausch zu bewerkstelligen.

Einmal ist es auch passiert, dass ein Kühlwagen so unge-
schickt aufgestellt wurde, dass es unmöglich war, die Türen
zu öffnen. Da hatte jemand offenbar nicht wirklich nachgedacht, sondern einfach den Auftrag erfüllt, den Wagen in der
Nähe der Lounge abzustellen.

Arbeiten Helfer während der Show in der Arena?

Die Helfer, die während der Show in der Arena tätig sind, gehören zum Helferteam des Arena-Supports und der Regie.

Sie sorgen dafür, dass die Show reibungslos abläuft, und sind die einzigen Helfer, die während der Vorführung die Arena betreten dürfen. Damit sie nicht zu sehr auffallen, tragen diese Helfer extra ein schwarzes Shirt.

Sie schieben Podeste auf die markierten Plätze, um sie nach dem Auftritt der Band, die diese Podeste gebraucht hat, gleich wieder hinauszuschieben.

Solche Podeste werden benötigt, um mehrere Instrumente, die eigentlich nicht herumgetragen werden, schnell zu ihrem Einsatzort zu bringen. Oder sie dienen einfach nur dazu, einem Dirigenten eine erhöhte Plattform zu bieten.

Sie sammeln die verloren gegangenen Trommelstöcke ein, die während der atemberaubenden Demonstrationen dem einen oder anderem Trommler aus der Hand geglitten sind, und rasch mit flinken Fingern durch den Ersatzstock ersetzt wurden.

Ausserdem kümmern sie sich um die schon mal extravaganten Wünsche der Formationen. So gab es in einem Jahr eine reine Tanzformation, deren Mitglieder vor und nach ihrem Auftritt um eiskalte Fussbäder baten. Also wurde das Eis einmal nicht für Getränke benutzt, sondern für die edlen Füsse der Tänzer und Tänzerinnen.

Es geht auch das Gerücht, dass der eine oder andere Helfer den Tänzerinnen die Füsse massieren durfte, aber wie gesagt, das ist nur ein Gerücht.

Arbeiten Helfer im Fuhrpark?

Ja, der kleine, gesponserte Fuhrpark, der dem Basel Tattoo zur Verfügung steht, wird von Helfern bewegt. Auch dieses Helferteam ist beinahe rund um die Uhr im Einsatz und beginnt ebenfalls schon eine Woche vor dem Basel Tattoo. Sie sind dafür zuständig, alle mehr oder weniger wichtigen Leute des Basel Tattoos vom Flughafen, Hotel etc. abzuholen und zum Basel Tattoo-Gelände zu bringen. Klar, dass das Gleiche für die Gegenrichtung gilt.

Oder die Leute müssen zu speziellen Empfängen gebracht werden, die ja neben dem Basel Tattoo ebenfalls stattfinden.

Diese Helfer müssen immer zur richtigen Zeit am richtigen Ort sein. Es ist genau geplant, wer wen wann und wo abholen muss und wohin die Reise geht. Da ist es natürlich zwingend notwendig, dass sich diese Helfer speziell in Basel gut auskennen. Da aber auch Fahrten ins benachbarte Ausland oder in den Rest der Schweiz anfallen, sollten die Helfer sich auch hier auskennen. Aber zur Not gibt es ja in jedem Wagen ein Navi, so sollte jeder Ort gefunden werden.

Es kommt schon mal vor, dass die Chauffeure irgendwelche vergessenen Dinge abholen oder bringen müssen.

Nein, wir Helfer werden nicht von den Chauffeuren durch die Gegend chauffiert, wir kommen mit dem Tram, zu Fuss, einem Zweirad oder gar mit unserm eigenen Auto.

Arbeiten Helfer in der Verpflegung?

Verpflegung? Wer sollte denn verpflegt werden? Wir müssen uns alle selbst versorgen, das gilt für alle, die am Basel Tattoo beteiligt sind. Nein, Sie merken es, ich ärgere Sie wieder. Die Verpflegung ist eines der wichtigsten Themen beim Basel Tattoo und an dieser hat es in all den Jahren nie gefehlt.

Alle Beteiligten des Basel Tattoos werden in der Dining Hall, der Turnhalle der Kaserne, mit Essen versorgt.

Die Damen und Herren, die in diesem Team arbeiten, können wohl behaupten, dass sie beinahe mit jedem der Mitwirkenden, Helfer oder Angestellten Kontakt hatten. Mit viel Geduld erfüllen Sie die Wünsche aller, die sich bei ihnen das Essen abholen.

Sie sind auch schon sehr früh im Einsatz, da ja das Essen fix und fertig angeliefert wird und für die Ausgabe bereitgestellt werden muss.

Eigentlich gibt es bei jeder Mahlzeit drei verschiedene Menüs, Hamburger, ein Salatbüffet und verschiedene Früchte. Nicht selten holen sich die Teilnehmer aber von jedem Menü etwas, sodass die Teller gerne mal mit allerlei Verschiedenem mächtig gefüllt sind.

Ich staune immer wieder darüber, dass die Teller dann auch meist ratzekahl leer gegessen werden. Somit landen nur wenig Essensreste im Müll. Das zeigt auch, dass Musik durchaus hungrig machen kann.

Kaum ist wieder ein Tisch frei geworden, kommt auch schon ein Teammitglied des Verpflegungsteams und wischt den Tisch ab, sodass die Nachfolgenden immer einen sauberen Platz vorfinden. Das klappt meist besser als in einigen Restaurants, die ich kenne.

Diese Arbeit, die dieses Team leistet, ist sicher nicht die einfachste. Auch sie müssen die meiste Zeit stehen und während der Essenzeiten darauf achten, dass immer alles vorrätig ist.

Wenn es dann aber vorkommt, dass die Hamburger mit den Pommes, übrigens eines der beliebtesten Gerichte, aus sind, müssen sie den enttäuschten Gästen dann mehr als einmal erklären, dass es an dieser Essens-Station nichts mehr zu holen gibt.

Eine Helferin hat sich einmal wahnsinnig darüber aufgeregt, dass es in einem Jahr eine Formation gab, deren Mitglieder bei der Obstauswahl mehr als kritisch waren. Jedes Stück Obst wurde in die Hand genommen, von allen Seiten betrachtet und dann bei Nichtgefallen wieder zurückgelegt.

Eine Zeit lang hatte die Helferin sich das angesehen, bis ihr dann aber der Kragen platzte und sie die Musiker darauf aufmerksam machte, dass das Anfassen und Zurücklegen nicht gerade hygienisch seien und somit ab sofort nicht mehr gestattet. Nun versuchten die Musiker mit den Augen genau das eine Obststück zu entdecken, dass auch ja keine einzige Druckstelle aufwies.

Wenn ich so etwas höre, ärgere ich mich auch und ich kann die Helferin und deren Unmut durchaus verstehen. Leichte Druckstellen sind doch nichts Schlimmes an einem Stück Obst, wir sollten doch lieber über die tägliche Vielfalt, die uns zur Verfügung steht, dankbar sein.

Arbeiten Helfer bei der VIP-Betreuung?

Vielleicht haben Sie, lieber Leser, sich schon einmal eine der VIP-Karten für das Basel Tattoo gegönnt. Dann wissen Sie, dass für die Betreuung dieser speziellen Gäste ebenfalls ein Helferteam im Einsatz ist.

Dieses Team steht für die Betreuung der VIP-Gäste im VIP-Bereich, der nur für diese Gäste zugängig ist und sich zwischen den beiden Arenaeingängen befindet, zur Verfügung. Hier bekommen diese Gäste ihr Glas Champagner von den Damen und Herren dieses Teams gereicht. Ebenfalls übergeben sie den Gästen ein Sitzkissen sowie das Basel Tattoo-Magazin, das auch zum VIP-Paket gehört.

Sie haben kein VIP-Ticket gekauft, wollen aber dennoch gerne ein Glas Champagner vor der Vorstellung trinken? Auch das ist kein Problem. Bei jedem Arenaeingang befindet sich eine Cüpli-Bar. Hier können sie Champagner, andere Getränke und Sandwiches vor der Show bei dem Helferteam, das in diesen Bars ihren Einsatz hat, käuflich erwerben.

Übrigens, diese beiden Teams sind nicht fertig, sobald die Show anfängt. Da der Champagner in echten Gläsern ausgeschenkt wird und nicht in Wegwerfgläsern, müssen diese natürlich auch wieder abgewaschen werden. Der Abwasch all dieser Gläser nimmt dann auch eine gewisse Zeit in Anspruch.

Arbeiten Helfer auch beim Kindertag?

Auch bei dem Kindertag, der einmal während des Basel Tattoos stattfindet, sind Helfer im Einsatz. Die Damen und Herren dieses Team sorgen dafür, dass sich die kleinen Gäste, die zu dieser Zeit im Mittelpunkt stehen, wohlfühlen. Sie erfreuen die Kinder mit einem Glücksrad, einem kleinen Imbiss und helfen zuweilen als Übersetzer aus.

In diesen anderthalb Stunden sind die Kinder den Musikern einmal ganz nah, sie dürfen deren Instrumente ausprobieren, die Uniformen bestaunen und auch schon mal die spezielle Kopfbedeckung eines Soldaten für ein Foto mit ihm aufsetzen.

Bei den Tanzformationen können die Kleinen die speziellen Tanzschritte einmal selbst ausprobieren. Dabei stellen sie schnell fest, dass die leichtfüssigen Darbietungen der Tänzer und Tänzerinnen meist leichter aussehen als sie eigentlich sind.

Dieses Helferteam hat sicher eine der schönsten Aufgaben, wird ihre Arbeit doch immer wieder aufs Neue mit glücklichen Kinderaugen belohnt.

Es sei denn, es handelt sich gerade um ein solches Kind, wie das, das partout die Mütze, die es für ein Foto von einem Soldaten erhalten hatte, nicht wieder zurückgeben wollte. Wie selbstverständlich wollte die Kleine mit der Mütze davonlaufen. Der Soldat, der um seine Mütze mit viel Gefühl bat, musste das Mädchen davon abhalten, mit seiner Kopfbedeckung aus der Arena zu laufen.

Rasch holte er das Kind ein, was er sicher schnell bereute, da ihn die Kleine nun mit grossen Augen anschaute, die Mütze mit beiden Händen fest auf ihren Kopf drückte und zu weinen anfing.

Sie tat ihm richtig leid, aber die Kopfbedeckung gehörte ja zu seiner Uniform, die durfte er nicht so einfach verschenken. Die Kleine beteuerte immer wieder, dass sie die Mütze unbedingt behalten müsse, so wie die Basel Tattoo-Mütze, die sie ja auch vorhin an einem Stand geschenkt bekommen habe. Auch die nachgeeilte Mutter hatte keinen Erfolg dabei, ihre Tochter dazu zu überreden, die Mütze freizugeben. Hartnäckig hielt das Mädchen daran fest.

Dem Soldaten war das alles sehr unangenehm, ihm gefiel es gar nicht, dass er nun plötzlich als böser Mann dastand, der einem weinenden Mädchen seinen Willen nicht lassen wollte.

Zum Glück wurde er von einer Helferin bald aus der misslichen Lage befreit.

Diese hatte nämlich das ganze Geschehen beobachtet und wusste sofort, was zu tun war.

Sie kam mit einem Eis am Stiel zu ihnen, hielt es dem Mädchen unter die Nase und fragte, ob sie die Mütze gegen das Eis tauschen wolle. Kurz war die kleine noch zwischen Mütze und Eis hin- und hergerissen, drückte dann aber dem Soldaten die Mütze in die Hand und griff nach dem Eis.

Dem Soldaten fiel ein Stein vom Herzen, nun erklärte er jedem Kind, bevor er seine Mütze wieder für ein Foto aus der Hand gab, dass er sie auf jeden Fall wieder zurückbekommen müsse.

Arbeiten Helfer in der Gästebetreuung?

Wenn irgendwo ein Event stattfindet, bei dem viele Gäste teilnehmen, müssen diese natürlich auch betreut werden. Das fängt mit den Gästen an, die sich in der Tattoo Street tummeln. Bei dieser Gästebetreuung sind die Helfer allerdings nicht gefragt, das übernehmen die Cliquen und Vereine, die ihre kulinarischen Köstlichkeiten in dieser Zeit anbieten, selbst.

Wie Sie ja wissen, geschätzter Leser, ist die Show des Basel Tattoos nicht das einzige Ereignis, das in dieser Zeit stattfindet. Vor und nach einer Show laden Firmen, oder das Basel Tattoo selbst, ihre Gäste zu einem Empfang oder Essen ein.

Diese Nebenevents finden im Rappaz-Museum (Museum des Künstlers Rolf Rappaz), dem Museum Kleines Klingental, in den Tattoo-Lounges, die in der Reithalle und den Pferdeställen auf dem Basel Tattoo-Gelände untergebracht sind, und den Sky-Boxen statt.

Auch hier kommen neben dem Catering-Service Helfer zum Einsatz. Diese Helfer fangen meist spät an und gehen früh wieder heim, allerdings früh am nächsten Morgen. Sie verwöhnen die Gäste mit exklusiven Getränken und Delikatessen.

Da es sich bei diesen Anlässen um festliche Events handelt, tragen diese Helfer nicht das gewöhnliche Basel Tattoo-Shirt, sie bekommen jeden Abend eine weisse Bluse bzw. ein weisses Hemd. Ausserdem tragen die Damen dieses Teams ein Tuch aus Tartan-Stoff um den Hals.

Eine Helferin aus diesem Team hatte in einem Jahr das Pech, dass ihr das Basel Tattoo-Shirt in einer der Lounges aus der kleinen Umkleideecke gestohlen worden war. Sie stand nun nach der Arbeit ohne Oberteil da, weil die Blusen und Hemden abends wieder eingesammelt und gewaschen werden. Zum Glück konnte sie ihre Bluse aber für den Heimweg ausleihen. Die Basel Tattoo-Shirts sind offenbar wirklich sehr begehrt.

In den Lounges ist nach der Show immer sehr viel los, und für die Bandleader fängt nun der repräsentative Teil an. Auch geben einzelne Musiker eine Kostprobe ihres Könnens für die Lounge-Gäste.

Arbeiten Helfer im Verkauf?

Einige Helfer unterstützen die Angestellten des Basel Tattoo-Shops bei ihrer Arbeit. Der Ticket-Shop sowie die beiden Shops für Basel Tattoo-Merchandise sind in den blauen Containern untergebracht und entsprechend angeschrieben. Für diese Helfer heisst es oft Ruhe zu bewahren, gerade beim Ticket-Shop ist es wohl oftmals anstrengend, den Gästen mitzuteilen, dass es keine Tickets mehr gibt bzw. dass Tickets nicht zurückgenommen werden.

Nicht selten sind auch Beschwerden jener Besucher, die sich sonst wo im Internet ein Basel Tattoo-Ticket für viel Geld besorgt haben, um dann festzustellen, dass es sich bei diesem Ticket um ein Freiticket oder ein sehr günstiges Ticket handelt und dass das ja Betrug sei. Sicher, es gibt immer wieder Leute, die versuchen, auf Kosten anderer Geld zu machen – bzw. es scheint ja nicht selten bei einem Versuch zu bleiben.

Ich kann Ihnen nur raten, kaufen Sie die Tickets lieber an den offiziellen Stellen. Auch wenn die Nachfrage noch so gross ist, mit etwas Glück gibt es doch noch vereinzelt Tickets. Und wenn nicht? Ja, dann gibt es noch eine letzte Möglichkeit, besuchen Sie das Basel Tattoo-Gelände kurz vor der Vorstellung. Es gibt immer wieder Leute, die sich meist in der Nähe des Ticket-Shops aufhalten, die ihre Tickets verkaufen müssen oder wollen.

Auch das hat nicht geklappt? Tja, dann bleibt nur noch die Möglichkeit, es sich in der Tattoo Street bequem zu machen und der Musik, die während der Show auch dort zu hören ist, zu lauschen. Was offenbar sehr viele Tattoo Street-Besucher machen. Warum ich darauf komme? Ganz einfach.

Mich sprach mal eine Bekannte an, die wusste, dass ich am Basel Tattoo half. „Du Petra, du schaffst doch am Basel Tattoo, ist es für Dich möglich, Karten zu besorgen? Wir würden gerne mal in das Konzert gehen, dass da immer nebenbei läuft." „Immer nebenbei läuft? Was für ein Konzert läuft da nebenbei, davon weiss ich nichts", fragte ich ratlos. „Na das, von dem man die Musik hören kann, wenn man dort in der Tattoo Street ist!", antwortete sie mir.

Nun hatte ich begriffen, diese junge Dame ist seit Jahren davon ausgegangen, dass es sich bei der Tattoo Street um das Basel Tattoo handelte. Wie viele das wohl noch denken? Ich konnte es fast nicht glauben: „das Konzert nebenbei!"

Arbeiten Helfer auch für die Medien?

Sie haben also die Beschriftung des Containers gesehen, der mit „Medien" angeschrieben ist. Tja, das ist so eine Sache, aber nein, für die Medien sind festangestellte Basel Tattoo-Mitarbeiter und das Basler Urgestein Werner Blatter zuständig und eigentlich nicht die Helfer.

Ich sage „eigentlich", denn nicht selten haben wir einen Teil dieser Arbeit im Badge-Container mitübernommen, als die Medien noch darin untergebracht waren.

Alle Journalisten, die sich für das Basel Tattoo akkreditiert haben, bekommen die Presseinformationen im Medien-Container. Sie können sich sicher vorstellen, dass gerade in den ersten Tagen, vor allem bei der Hauptprobe, bei der die Journalisten und Fotografen die Arena während der Show betreten dürfen, diese zahlreich an dem Container erscheinen. Da ist es schnell passiert, dass die Medienverantwortlichen in Beschlag genommen werden und in der Tattoo Street verschwinden. Also haben wir vom Badge-Team die Medienmappen an die eingeschriebenen Journalisten ausgegeben.

„Geben Sie mir einen Besucher-Badge!", forderte mich einmal ein älterer Herr auf, der mit einem Fotostativ bewaffnet war. „Darf ich fragen, wer Sie sind und für wen Sie Bericht erstatten?", wollte ich wissen. „Das spielt doch keine Rolle, ich bin jedes Jahr hier und mache Fotos", raunzte er. „Tut mir leid, ich kann Ihnen nur etwas geben, wenn Sie akkreditiert sind, also wie ist Ihr Name?", fragte ich ihn erneut. „Wie ich schon sagte, ich bin jedes Jahr hier und mache Fotos, also geben Sie mir jetzt einen Badge!", warf mir der Mann entgegen.

„Ach, ich bin auch jedes Jahr hier und muss mich dennoch immer wieder anmelden, und Sie, Sie habe ich hier noch nie gesehen. Ich werde Werner anrufen, der wird das klären, warten Sie bitte einen Moment", versuchte ich zu beschwichtigen und griff zum Telefon. „Lassen Sie das, ich komme später wieder", schnauzte er und verschwand in der Menschenmenge, die sich durch die Tattoo Street schob. Kopfschüttelnd blickte ich ihm hinterher.

Seitdem habe ich ihn nie wieder gesehen.

Arbeiten Helfer in der Sicherheit?

Es ist sicher ein undankbarer Job, wenn man den ganzen Tag damit beschäftigt ist, den Leuten zu sagen: „Sie dürfen hier nicht durch."

Aber auch diese Arbeit muss ja erledigt werden, darum werden neben einem professionellen Sicherheitsdienst auch Helfer dafür eingesetzt, darauf zu achten, dass Besucher und auch Helfer nicht überall auf dem Basel Tattoo-Gelände hingelangen können, wohin sie möchten.

Wer als Helfer in der Sicherheit tätig ist, braucht echtes Stehvermögen, im wahrsten Sinne des Wortes. Sie stehen vor Türen, in Durchgängen und vor Eingängen, um nur befugte Personen durchzulassen. Wenn ein solcher Helfer Glück hat, wird er für einen Posten eingeteilt, bei dem er sich wenigstens ab und zu mal hinsetzen kann, um Füsse und Beine für kurze Zeit zu entspannen.

Sie haben sich schon einmal über einen solchen Helfer geärgert, weil er Sie nicht durchgelassen hat? Nehmen Sie das nicht persönlich, der Helfer macht ja nur seinen Job und es ist nun einmal so, dass nicht jeder überall hindarf. Da nützen auch keine Überredungskünste.

Uns Helfern geht es da nicht anders, auch wir dürfen nicht überall hin. So ist es uns zum Beispiel nicht erlaubt, während der Show zu den Sky-Boxen hinaufzugehen, um einen Blick von weit oben auf die Show zu erhaschen, oder vor und nach der Show in die Lounges, um eventuell einen Gratisdrink abzustauben, da dürfen dann nur Helfer hin, die dort eingeteilt sind.

Es gibt auch Situationen, wo Besucher, die während der Show aufs WC gehen möchten, aufgehalten werden, weil gerade eine Band am Ausmarschieren ist. In einem solchen Fall kommt es dann schon mal vor, dass sich der Helfer auf Diskussionen einlassen muss, weil der Gast ja möglichst schnell wieder zu seinem Platz möchte, da er ja nichts von der Show verpassen will. Aber die Sicherheit für Besucher und Teilnehmer geht nun einmal vor und wird sehr ernst genommen.

Das hat auch der Gast zu spüren bekommen, der so betrunken war, dass er kaum laufen konnte und andere Besucher beim Einlass auf das Basel Tattoo-Gelände wild anpöbelte und teilweise auch handgreiflich wurde.

Ein Helfer der Sicherheit, der von einem Gast auf diesen Herren aufmerksam gemacht wurde, versuchte auf den Störenfried einzureden und einzuwirken. Was aber keinen Erfolg hatte, im Gegenteil, der Mann wurde nur noch unangenehmer. Jetzt blieb dem Helfer nichts anderes mehr übrig, als einen entsprechenden Funkspruch abzusetzen und somit weitere Teammitglieder heranzurufen.

Gemeinsam beförderten sie den Querkopf vom Basel Tattoo-Gelände. Was den Mann allerdings zur Hochform auflaufen liess. Jetzt waren die Profis gefordert, nun nahm sich die Polizei des Mannes an und die Helfer des Sicherheitsteams konnten wieder zurück auf ihre Posten.

Die Tattoo Street lädt sicher zum Verweilen ein, sich aber vor einem Showbesuch dermassen abzufüllen, macht doch nun wirklich keinen Sinn. Schade, dass die Eintrittskarte so verschwendet wurde.

Bei dem Thema Sicherheit fällt mir noch eine Begebenheit ein. An einem Vormittag kam ein Mitarbeiter der Technik zu mir, ich hatte Dienst im Badge-Container, und beschwerte sich, dass viele Passanten zwischen seinen empfindlichen, technischen Geräten herumliefen und warum diese überhaupt hereingelassen worden waren.

Ja, auch so etwas kommt vor. Da sich viele Leute, seien es Besucher oder auch einfach nur Spaziergänger, danach erkundigt hatten, ob sie nicht einmal hinter die Kulissen schauen dürften, wurde kurzerhand entschieden, das Areal für das Publikum zu öffnen. Also verschwanden alle Damen und Herren der Security-Firma von ihren Plätzen und machten eine Pause. Dumm war nur, dass sonst niemand darüber informiert wurde und alle Türen wegen der grossen Hitze geöffnet waren, in dem Glauben, dass das teure Equipment der Technik ja professionell bewacht werde.

Ich verstand natürlich die Sorge des Mitarbeiters, konnte aber selbst nichts an der Situation ändern. Inzwischen hatte der Mitarbeiter alle Türen verschlossen, damit keine unbefugten Hände an seinen Gerätschaften hantieren konnten. Es war sicher nett gemeint, die Tore für das neugierige Publikum zu öffnen, aber es ist meist besser, wenn die linke Hand weiss, was die rechte tut.

Arbeiten Helfer als Sanitäter?

Jetzt geht es um die Gesundheit von Helfern und Gästen des Basel Tattoos; hier werden nur Profis eingesetzt. Also kann ich diese Frage eindeutig verneinen. Für die ärztliche Notversorgung ist unter der Arena extra ein Container als Behandlungsraum eingerichtet. Hier steht schon einige Stunden vor Showbeginn ein Ärzte- und Sanitätsteam im Einsatz.

Während der Show sind weitere Ärzte in der Arena zugegen. Diese werden von einem Team der Einsatzsamariter unterstützt, die in der ganzen Arena verteilt sind, um möglichst schnell erste Hilfe leisten zu können. Damit sie so rasch wie möglich zu einem Hilfebedürftigen gelangen, werden sie von einem Samariter, der bei den Sky-Boxen seinen Posten bezogen hat, per Funk auf den schnellsten Weg dorthin gelotst.

Sollten Sie also einmal in die Verlegenheit kommen, dass es Ihnen nicht gut geht und Sie ärztliche Hilfe benötigen, sind Sie bei diesem Einsatzteam in den besten Händen.

Dieses Team sorgt auch dafür, dass wir für den gesamten Zeitraum genügend Sterilisationsflüssigkeit zur Verfügung haben. Seit dem Jahr, in dem die Vogelgrippe grassierte – oder war es die Schweinegrippe, ich bin mir da nicht mehr sicher… auf jeden Fall war es in dem Jahr so schlimm, dass sogar eine Band deshalb nicht anreisen konnte –, ist es für uns alle Pflicht, diese Flüssigkeit gleich am Eingang der Dining Hall zu benutzen.

Entzünden Helfer das Feuerwerk während der Show?

Diese Frage kann ich eindeutig mit Nein beantworten. Weder entzünden die Helfer das Feuerwerk, noch sind sie mit dessen Montage beschäftigt, das ist selbstverständlich Sache der Profis.

Die Feuerwerker sorgen dafür, dass während der Show die besonderen Licht- und Knalleffekte zum rechten Zeitpunkt die musikalischen Darbietungen noch zusätzlich untermalen.

Sind Helfer auch an der Basel Tattoo-Parade beteiligt?

Oh ja, aber sicher sind die Helfer auch an der Parade beteiligt. Auch hier sind viele der Helfer im Einsatz.

Auf dem Münsterplatz und den anderen Orten, wo sich alle beteiligten Gruppen, es sind ja jedes Jahr weitaus mehr Gruppen an der Parade beteiligt als beim eigentlichen Tattoo, versammeln, sorgt ein Team von Helfern dafür, dass die Gruppen sich in der richtigen Reihenfolge aufstellen. Das ist nicht immer ganz leicht, da die Gruppen sich meist gerade mal den Namen der Abteilung merken, die vor ihnen marschieren wird. Sobald die steht, kommen sie dann selbst. Dabei kann auch eigentlich nichts schiefgehen.

Dumm ist nur, wenn eine Gruppe in der letzten Minute abgesagt hat, was durchaus schon mal vorkommt, dann gibt es doch eine leichte Verwirrung, genau der Moment, wo die Helfer dann wieder alles in Ordnung bringen.

Wer übrigens gerne fotografiert, kann hier auf dem Münsterplatz einige schöne Bilder von den Gruppen ohne die Hektik der Parade schiessen.

Beeindruckend ist, wie viele Gruppen an der Parade teilnehmen. Es sind zum Teil so viele, dass wir auf dem Münsterplatz, gerade wenn wir dabei sind, die letzten Formationen aufzustellen, über Funk mitgeteilt bekommen, dass die ersten bereits schon in der Kaserne eingetroffen sind. Meist ist die

Zahl der Teilnehmer an der Parade doppelt so hoch wie die Zahl derjenigen, die am Basel Tattoo dabei sind.

Auch sorgen die Helfer dafür, dass die Zuschauer und Autofahrer nicht die Schranken durchqueren oder den zusätzlich teilnehmenden Tieren zu nahe kommen, was aber meist auch kein Problem ist. Ich hatte bei einer Parade einen solchen Einsatz an der Tramstation „Bankverein". Dort stellte sich unter anderem auch eine berittene Gruppe auf.

Gegenüber auf der anderen Strassenseite tauchte eine Familie auf, deren Kinder nun plötzlich die Pferde entdeckten und ungeachtet des Trams, das gerade einfuhr, schon voller Freude auf die Pferde losliefen. Gut, dass ich da war, um die beiden Kleinen zu stoppen, die auch die warnenden Rufe ihrer Eltern nicht mehr gehört hatten. Nachdem sie den Schreck überwunden hatten und das Tram wieder weg war, konnten sie nun endlich zu den Pferden.

Allerdings sind es nicht immer nur die Kinder, die um sich herum alles vergessen. Die Parade ist dann doch teilweise so beeindruckend, dass auch Erwachsene weder links noch rechts schauen und dann auch schon mal über einen Kinderwagen stolpern.

Neben dem Einsatz am Rande der Parade sind Helfer auch in der Parade dabei, sie sind es, die an die Besucher die kleinen blauen Basel Tattoo-Fähnchen verteilen. Auch werden die Landesfahnen von den Helfern zu Beginn der Parade getragen. Das ist übrigens eine besonders begehrte Aufgabe unter den Helfern. Da gibt es sogar ab und zu mal Streitigkeiten, wenn ein Helfer keine oder nicht die richtige Fahne abbekommt. Allerdings ist es auch nicht ganz ohne, eine so schwere Fahne einmal quer durch Basel zu tragen.

Für die Helfer, die keine Aufgabe bei der Parade abbekommen haben oder auch keine wollten, besteht die Möglichkeit, in der Parade mitzulaufen. Alle freiwilligen Helfer laufen gemeinsam recht weit am Schluss in der Parade mit und winken den Zuschauern zu.

Gibt es auch Arbeiten für Helfer, die nicht jedes Jahr vorkommen?

Ja, auch die gibt es. Es gibt ja immer mal wieder besondere Attraktionen, die auch besondere Unterstützung brauchen.

Das ist zum Beispiel der Fall, wenn Tiere im Spiel sind. Als langjähriger Basel Tattoo-Besucher wissen Sie, dass schon Hunde, Kühe und auch die immer wieder gern gesehenen Pferde zum Einsatz gekommen sind.

Zwar haben diese Formationen ihre eigenen Tierbetreuer dabei, diese werden aber von den Helfern unterstützt, auch wenn es nur darum geht, die Hinterlassenschaft dieser Tiere aufzusammeln.

Ich hatte einmal die Ehre, Gruppenchef der Pferdeäpfel-Aufsammler bei der Parade sein zu dürfen. Wir zogen also in der Parade mit Schaufel, Besen und Karren bewaffnet hinter den königlichen Pferden hinterher, um ihre noch warmen und dampfenden Äpfel einzusammeln.

Häufig fielen mir Zuschauer auf, die mit dem Finger auf uns zeigten und uns auslachten. Eine Reaktion, die ich bis heute noch nicht nachvollziehen kann. Was ist daran so lustig? Es hat doch einen Sinn, dass wir das machen. So kann niemand in oder nach der Parade auf den Äpfeln ausrutschen und sich die Knochen brechen.

Nachdem Erik das Wischfahrzeug-Ballett am Basel Tattoo

eingeführt hat, braucht es für diese Art von Aufgabe keine Helfer mehr.

Die meisten Arbeiten kommen jedoch jedes Jahr wieder vor. Aber wer weiss, was uns noch in der Zukunft erwartet. Vielleicht gibt es ja doch mal eine Arbeit, mit der wir heute beim besten Willen nicht rechnen würden.

Ist die Ticketkontrolle bei so vielen Gästen nicht anstrengend?

Wie alle anderen Tätigkeiten, die von Helfern ausgeführt werden, ist auch die Ticketkontrolle nicht immer einfach. Mir hat diese Aufgabe immer besonders viel Spass gemacht, da man ja in direktem Kontakt mit den Besuchern ist.

Aber komme ich zurück auf Ihre Frage. Ja, es kann schon mal anstrengend sein, wenn man den Besucheransturm aufhalten muss, um jedes Ticket einzeln zu kontrollieren. Mit einem Blick muss der Helfer auf dem Ticket das Datum und die Uhrzeit kontrollieren, da es ja Tage gibt, an denen es zwei Vorstellungen gibt.

Da kann es schon mal vorkommen, dass sich ein Besucher in der Zeit irrt und mit einem Abendticket in die Nachmittagsvorstellung gehen möchte. So ein Irrtum muss natürlich von den Helfern der Ticketkontrolle sofort erkannt werden. Wenn sie es nicht erkennen, gibt es spätestens in der Arena Theater, wenn zwei Besucher auf denselben Platz Anspruch erheben und sich die Platzanweiser dann um den Irrtum kümmern müssen.

Der Besucher mit dem falschen Ticket muss dann halt am Abend noch einmal wiederkommen. Zumindest, wenn er das Glück hatte, mit einem Abendticket zur früheren Vorstellung zu gehen. Im umgekehrten Fall hätte er furchtbares Pech gehabt, sein Ticket ist selbstverständlich am Abend nicht mehr gültig und er hat für dieses Jahr das Basel Tattoo verpasst –

das ist natürlich besonders schade.

Als ich bei der Ticketkontrolle war, hatte ich eine Familie, deren kleiner Sohn mir freudestrahlend alle drei Tickets in die Hand drückte. Ich prüfte also Datum und Uhrzeit und merkte, dass da irgendetwas nicht stimmte. Ich schaute den Vater an und erklärte ihm, dass die Tickets leider nicht gültig seien.

Alle blickten mich fragend an und bei dem kleinen Jungen konnte ich erkennen, dass er plötzlich wahnsinnige Angst bekam, dass er nun doch nicht zu dem von ihm lang ersehnten Vergnügen kommen sollte.

„Sie machen einen Scherz", war der erste Versuch des Vaters, die Situation zu lösen. „Nein, ich wünschte, es wäre so, ist es aber leider nicht, es ist ja auch nicht wirklich schlimm, die Tickets sind eben nur für heute nicht gültig. Sie sind einen Tag zu früh, was ja noch gut für Sie ist, besser, als einen Tag zu spät."

„Was, nein, das kann nicht sein… Du solltest doch Tickets für heute kaufen", fauchte er seine Frau an, wobei er mir gleichzeitig die Tickets aus der Hand riss, um sie genauer zu prüfen. Seine Frau, die völlig verzweifelt versuchte, ihren Sohn zu trösten, der inzwischen den Tränen nahe war, war sich sicher: „Aber das habe ich doch, ich habe Tickets für den 21. gekauft und der ist heute", versuchte sie sich zu rechtfertigen.

„Nein, heute ist der 20.", entgegnete ich, „aber, das ist doch nicht schlimm, dann kommen Sie halt morgen noch einmal wieder" – und an den Kleinen gerichtet, der die Tränen nun nicht mehr zurückhalten konnte: „Du musst nicht weinen, wir sehen uns einfach morgen wieder, und vielleicht kauft dein Papi Dir dort drüben", ich zeigte auf den blauen Shop-Container, „eine Basel Tattoo-Mütze, als kleine Entschädigung." Die Miene des Jungen erhellte sich und er sah seinen Vater schluchzend und fragend an.

„Sie haben gut reden, wir kommen aus Sion, wir waren nun Stunden unterwegs. Was sollen wir denn jetzt nur machen?", fragte er mehr seine Frau als mich. Diese zuckte nur mit den Schultern.

„Suchen Sie sich doch ein Hotel und nutzen Sie die Zeit, um sich Basel anzusehen. Gehen Sie mit Ihrem Sohn an den Rhein, es ist so schönes Wetter, da fällt ihnen sicher etwas ein. Geniessen Sie doch einfach die Zeit gemeinsam mit Ihrer Familie", schlug ich ihnen vor.

Da ich merkte, dass die im Anschluss wartenden Besucher langsam ungeduldig wurden, wollte ich die Diskussion nun rasch beenden. „Sehen Sie einfach das Positive, dass Sie einen Tag zu früh da sind statt zu spät und machen Sie das Beste daraus."

Die Frau stimmte mir zu und schob ihren Mann und Sohn beiseite, da auch sie inzwischen gemerkt hatte, dass die nachfolgenden Gäste unruhig wurden.

„Na gut, dann suchen wir uns eben ein Hotel", stimmte der Vater meinem Vorschlag zu und marschierte mit seiner Familie davon. „Kaufst Du mir eine Mütze und gehen wir an den Rhein?", hörte ich den Jungen noch fragen, als ich schon wieder damit beschäftigt war, Tickets zu kontrollieren.

Sie sehen, auch dieser Job ist nicht immer einfach.

Neben der Ticketkontrolle sind es auch die Helfer dieses Teams, die Ihnen im Eingangsbereich die Pelerinen aushändigen oder die kleinen Aufmerksamkeiten der Sponsoren geben und Sie nach der Show verabschieden.

Helfen Helfer mir dabei, meinen Platz zu finden?

Die Basel Tattoo-Arena ist gross und hat über 7900 Plätze, da ist es nicht immer ganz einfach für den Besucher, seinen Platz zu finden. Obwohl Sie sich beim Kauf Ihrer Eintrittskarte mit dem Arenaplan auseinandergesetzt haben, sieht die Realität dann doch anders aus.

Die Arena ist in Sektoren eingeteilt, die es Ihnen einfacher machen sollen, Ihre Plätze zu finden. Da gibt es die Hauptsektoren A, B und C. Ach nein, stopp, das war ja einmal, nun gibt es nur noch die Sektoren L und R, also links und rechts. Jeder dieser beiden Sektoren ist in Untersektoren eingeteilt, die durchnummeriert sind. Je höher die Zahl dieser Sektorennummer ist, umso dichter sitzen Sie am Kasernengebäude. Sie tun also gut daran, wenn auf Ihrer Eintrittskarte ein L steht, den linken Eingang zu benutzen. Haben Sie es erst einmal in die Arena geschafft, warten auch schon die Helfer des Platzanweiser-Teams auf Sie.

Folgen Sie einfach deren Anweisungen und Sie können sich schnell auf Ihrem Platz niederlassen.

Die Damen und Herren der Platzanweiser gehören zu den Teams, die jede Vorstellung ansehen können. Nur kommen sie nicht immer dazu, denn auch während der Vorstellung sind sie natürlich im Einsatz. Sie müssen darauf achten, dass sich niemand auf die Treppen setzt, dass die Besucher, die während der Vorstellung auf das WC müssen, nachher auch ihren Platz wiederfinden, oder dass niemand während der

Show in die Arena läuft. Auch müssen sie darauf achten, falls es jemandem im Publikum nicht gutgeht, dass dann sofort reagiert werden kann.

Vor der Show sind sie besonders gefordert, wenn sich mal jemand auf einen falschen Platz gesetzt hat, müssen Sie dem Besucher dabei helfen, den richtigen Platz zu finden. Oder wenn es Besucher gibt, denen ihr Platz nicht gefällt oder weil sie sich durch den Sitznachbarn gestört fühlen. Dann entwickeln sich die Platzanweiser zu echten Psychologen, die es mit viel Feingefühl schaffen, den nörgelnden Besucher davon zu überzeugen, dass der Platz doch gar nicht so schlecht ist.

Dabei kommt mir das Erlebnis einer Platzanweiserin in den Sinn. Zu ihr kam ein Zuschauer, es war kurz nach der Türöffnung, der kein Ticket hatte. „Können Sie mir helfen, ich weiss nicht, wo ich sitze, mein Ticket hat meine Frau und die ist schon hier und hat sich hingesetzt – hoffe ich wenigstens?" „Warum rufen Sie Ihre Frau nicht an?", entgegnete die Helferin.

„Das hätte ich schon längst gemacht, aber wir haben unsere Handys zuhause gelassen, ich habe ihr mein Ticket und meine Brieftasche gegeben, als ich aufs Klo gegangen bin. Sie wollte schon mal auf die Plätze. Aber ich habe gar keine Ahnung, wo die sind, so genau habe ich mir das Ticket nie angesehen," antwortete er resigniert. „Es ist doch noch gar nicht so voll, können Sie Ihre Frau nicht irgendwo entdecken?", meinte die Helferin und versuchte ihn dazu zu ermuntern, nach seiner Frau Ausschau zu halten.

Konzentriert wanderten seine Augen von Sitzplatz zu Sitzplatz, aber ohne Erfolg, er konnte seine Frau nicht finden. Er war der Verzweiflung nahe. „Wie teuer war…", fragte die Platzanweiserin, als sie von einer hellen Frauenstimme unterbrochen wurde: „Da bist Du ja, ich habe Dich schon überall gesucht. Auf halbem Weg ist mir eingefallen, dass Du Dir sicher nicht gemerkt hast, wo wir sitzen." Eine ältere Frau war zu den beiden getreten und hielt dem Mann seine Sachen hin.

„Wie recht Du hast", erwiderte der Mann, griff nach seinen Sachen, hakte seine Frau unter und verschwand mit ihr die Treppe hinauf. „Dort oben sitzen wir, Liebling."

Die einfach stehengelassene Helferin hatte keine Zeit, sich über die beiden zu wundern, wurde ihr doch schon ein Ticket unter die Nase gehalten mit den Worten: „Können Sie mir bitte helfen? Wo ist das, muss ich da viele Stufen hochlaufen?"

Welches Helferteam ist morgens als Erstes im Einsatz?

So wie es nicht nur ein Team ist, das abends als Letztes geht, so ist es auch nicht nur ein Team, das morgens als Erstes auf dem Areal antritt.

Die Frühaufsteher unter den Helfern sind in vielen Teams zu finden, sie sind schon früh auf den Beinen, da ja auch vor den Shows genügend Arbeit anfällt.

Die Helfer müssen die Tattoo Street wieder auf Vordermann bringen, in dem sie den ganzen Müll einsammeln und die PET-Container leeren.

Für die Zelte sind die Cliquen und Vereine selbst zuständig, daher sind diese meist schon picobello, da das Aufräumen noch in der Nacht geschieht. In einem Jahr ist es allerdings vorgekommen, dass ein Verein der Meinung war, dass die Helfer auch für das Aufräumen in ihrem Stand zuständig seien.

Sie haben in ihrem Stand ein derartiges Chaos hinterlassen, dass selbst die vorbeigehenden Passanten den Kopf schüttelten und sich wohl fragten, wie bei einem solchen Chaos Essen ausgegeben werden kann.

Andere Helfer reinigen die Arena. Mit Müllbeuteln und Handschuhen bewaffnet sammeln sie alles in der Arena ein, was da nicht hingehört. Sie ahnen es schon, da kommt so einiges an Müll zusammen. Aber nicht nur das, alle Wertgegenstände landen im Anschluss in dem Basel Tattoo-eigenen Fundbüro, unter Angabe des genauen Fundortes, so gelangen die Dinge schneller wieder zurück zu ihren Besitzern. Während des Einsammelns überprüfen die Helfer die Arena auf eventuelle Schäden, um diese sofort an das Bau-Team zu melden und beheben zu lassen.

Zum Glück handelt es sich bei der Arena um eine geschlossene Bauweise, so kann während der Show alles, was herunterfällt, nicht unter die Arena fallen und somit leichter entsorgt werden.

Es geht schon ganz schön ins Kreuz, wenn man sich immer wieder bücken muss, um den Unrat einzusammeln. Nicht selten schütteln die Helfer den Kopf über die Unvernunft einiger Gäste, die sich das Rauchen in der Arena trotz Verbot nicht verkneifen konnten.

Aber auch dort, wo das Rauchen gestattet ist, sind wir es, die die Kippen einsammeln, obwohl genügend Aschenbecher auf dem Areal verteilt sind. Ich habe sicher schon tausende Zigarettenkippen vom Boden aufgelesen. Sie finden das nicht so schlimm, schliesslich gibt es ja Zangen für solche Arbeiten, wenn man die benutzt, muss man sich nicht bücken. Ich finde es auch nicht schlimm, aber es geht dennoch auf den Rücken.

Haben Sie diese vielgepriesenen Zangen schon einmal bei Kopfsteinpflaster benutzt? Nein? Dann versuchen Sie mal eine Kippe aus einer Fuge zwischen den Steinen zu erwischen, denn das ist genau der Ort, wo sich diese kleinen Biester am wohlsten fühlen. Eh Sie eine ergreifen können, ist schon so viel Zeit vergangen, in der Sie mit den Händen mindestens schon zehn Kippen aufgelesen hätten.

Die Aschenbecher werden geleert und gewaschen, das Leergut aus den Lounges und der Cast-Bar wird entsorgt und alle Mülleimer werden geleert. Die Müllcontainer werden auf die Strasse geschoben, um sie anschliessend, nachdem die Stadtreinigung für deren Leerung gesorgt hat, wieder im Gelände zu verteilen.

In den Shops, der Cast-Bar und den Lounges werden die Bestände wieder aufgefüllt.

Überall wird gefegt, geputzt und eingeräumt.

Wir haben eine Helferin im Team, die ist immer so flink bei der Sache, dass sie schon auf den Spitznamen „Putzteufelchen" hört.

Ab und zu kommt es vor, dass beim Putzen Arbeiten erledigt werden müssen, die nicht gerade angenehm sind. Nicht nur einmal musste ich schon das schwarze Tuch reinigen, dass das Gerüst der Arena verdeckt, weil ein Gast, Musiker oder Helfer sich übergeben musste und der Meinung gewesen war, eine versteckte Ecke unter der Arena sei besonders gut dafür geeignet, oder einfach keine Zeit mehr gehabt hatte, einen besseren Ort dafür zu finden.

Solche Stellen sieht man meistens nicht, aber die Nase weist einen deutlich darauf hin. Dann sind immer einige Eimer

Wasser samt Putzmittel angesagt, um den Schaden zu beseitigen.

Im Büro werden die Gutscheine zu Fünfer-Päckchen zusammengefasst, damit sie bei Einsatzbeginn an die Helfer ausgegeben werden können.

So herrscht also auch am Vormittag ein reges Treiben auf dem Basel Tattoo-Gelände, fleissige Hände, die wieder alles für die kommende Show vorbereiten.

Welches Helferteam muss bis spät in die Nacht arbeiten?

Bis spät in die Nacht muss fast jedes Helferteam arbeiten, das ergibt sich ganz einfach daraus, dass die letzte Vorstellung erst gegen Mitternacht zu Ende ist, was dann aber noch nicht bedeutet, dass alle auch sofort nach Hause gehen.

Die Teams, die wirklich an einem Tag bis zum frühen Morgen im Einsatz sind, sind die, die für die Gästebetreuung zuständig sind, die Lounge-Teams und das Team der Cast-Bar. In den Lounges und Empfangsorten des Tattoos, die sich in der Reithalle, den Reitställen, dem Museum Kleines Klingental und im Rappaz-Museum (Museum des Künstlers Rolf Rappaz) befinden, werden vor und teilweise nach der Show Empfänge abgehalten, sei es, dass diese durch das Basel Tattoo stattfinden oder durch einen anderen Veranstalter. Das Gleiche gilt für die Sky-Boxen.

Hier müssen die Gäste betreut werden, die sich zu einem kleinen Umtrunk mit schmackhaften Häppchen einfinden. Diese Veranstaltungen sind immer sehr gesellig und die Gäste bleiben gerne lange dort, um sich zu amüsieren. Ja, die Helfer dieser Teams gehen häufig erst sehr früh am kommenden Morgen wieder heim.

Ich habe davon gehört, dass es auch Helfer gibt, die sich irgendwo auf dem Gelände eine mehr oder weniger gemütliche Ecke suchen, um dort zu schlafen. Diese gehen also nie nach Hause.

Und wer nicht arbeitet, bleibt vielleicht noch auf ein Bier in der Cast-Bar, nicht selten genug werden dann aus dem einen Bier gleich mehrere, sodass es dann vorkommt, dass das letzte Tram schon lange Zeit im Depot ist.

Da sich die meisten Basler auf die Basel Tattoo-Zeit einrichten, haben wir es spät in der Nacht dann auch nicht schwer, ein Taxi zu finden. Diese warten nämlich gerne rund um das Basel Tattoo-Gelände auf Kundschaft.

In dieser Zeit fällt es mir immer wieder auf, dass sich die Strassen Basels nachts wohl mal mehr oder weniger stark ausdehnen, also in die Länge ziehen, oder das Haus, in dem ich wohne, zieht sich nachts zurück. Denn wie lassen sich sonst die unterschiedlichen Preise von rund 13 bis zu 21 Franken erklären, die ich bisher für immer dieselbe Strecke nach Hause bezahlen musste.

Gibt es eine Vorstellung, bei der die Helfer nicht arbeiten müssen?

Wie, Sie meinen, es würde funktionieren, dass eine Show ohne die Helfer abläuft? Auf uns kann doch in keinem Fall verzichtet werden.

Na ja, Sie haben natürlich Recht, es gibt wirklich eine Show, die beinahe ohne Helfer abläuft. Das ist die Hauptprobe, zu der alle Helfer eingeladen werden. Jeder Helfer bekommt eine VIP-Karte und drei „normale" Karten. Da wir selbst auf unseren Plätzen sitzen und die Show bestaunen, können wir natürlich nicht im Einsatz sein. Es ist schon ein ungewohntes Bild, wenn dann hie und da die Angestellten des Basel Tattoos die Platzanweisung übernehmen.

Allerdings hat das dann auch den Nachteil, dass sich die Gäste im VIP-Bereich teilweise hinsetzen, wo sie wollen, obwohl auch unsere Plätze nummeriert sind.

Ich hatte einmal das Glück, dass ich meine drei „normalen" Karten alle für Karten im VIP eintauschen konnte, von denen wir normalerweise nur eine bekommen, sofern wir „einfache" Helfer sind.

Ich verschenkte meine Karten an ein Ehepaar. Dieses kam dann nach der Show zu mir und erklärte mir, dass ihre Plätze besetzt gewesen seien und sie sich woanders haben hinsetzen müssen, da die Helfer nicht bereit gewesen seien, die Plätze freizugeben. Sie bekamen lediglich den Hinweis, dass es ja noch genügend freie Plätze gebe. Sie hatten dann bis Show-Beginn Angst, dass die Besitzer dieser Plätze, auf denen sie nun sassen, sie verscheuchen würden, was zum Glück nicht geschah.

Ich muss zugeben, ich finde diesen Wildwuchs nicht so schön, nicht nur, weil ich bei dem Ehepaar nun in einem schlechten Licht dastand, nein, auch weil mir das Gleiche passiert ist. Es ist nicht gerade toll, wenn man bis kurz vor Show-Beginn seinen Einsatz im Badge-Container leistet, und dann feststellen muss, dass sein Platz, trotz nummerierter Eintrittskarte, frech von einem anderen Helfer belegt wurde.

Natürlich habe ich mich dann nicht auf Diskussionen eingelassen, da die Show ja bereits begonnen hatte. Geärgert hat es mich dann aber doch, weil ich erst nach einem freien Platz Ausschau halten musste, der dann allerdings alles andere als ein VIP-Platz war.

Ich bin übrigens nicht die Einzige, die ihre Karten verschenkt.

Aber ich komme zurück zu Ihrer Frage, die ich dann doch mit Nein beantworten muss, so ganz ohne Helfer geht es bei keiner Show. Die Helfer, die direkt zum Gelingen der Show beitragen, stehen dann nämlich doch im Einsatz, sonst wäre es ja keine echte Hauptprobe.

Welches Helferteam war Dein erstes Team?

Mein erstes Team war jenes, dessen Damen und Herren Sie wahrscheinlich als Erstes zu Gesicht bekommen, wenn Sie zum Basel Tattoo-Gelände kommen: das Team der Programmverkäufer.

Schon weit vor dem eigentlichen Basel Tattoo-Gelände preisen sie Ihnen das aktuelle Programm bzw. Basel Tattoo-Magazin an und an späteren Tagen, wenn bereits die CD mit den Mitschnitten der aktuellen Show herausgekommen ist, können Sie auch diese bei ihnen erwerben. Bei den ersten Basel Tattoos war das noch ein Knochenjob, nicht weil man die ganze Zeit stehen muss und lautstark auf sich aufmerksam macht, nein, Sie glauben ja gar nicht, wie schwer diese Hochglanz-Exemplare sind.

Allein die vollen Programmkartons durch Basels Strassen zu tragen, erfordert schon einen gewissen Kraftaufwand, wenn man mehrere davon mitnimmt. Hinzu kommt das ganze Kleingeld, dass die Programmverkäufer im Laufe des Programmverkaufs einnehmen, auch das hat sein Gewicht. Inzwischen ist dieser Job einfacher geworden. Nun wird jedem Team, das immer aus zwei Helfern besteht, ein Einkaufs-Trolley zur Verfügung gestellt, mit diesem lässt sich der Programm- und CD-Transport einfach bewerkstelligen.

An dieser Stelle möchte ich erwähnen, dass Sie, wenn Sie eine VIP-Eintrittskarte besitzen, Ihr Programm bereits bezahlt haben und Sie dieses, bevor Sie Ihren Platz aufsuchen, auf jeden

Fall erhalten. Oder Sie haben mit Ihrer Eintrittskarte einen Gutschein für ein Programm bekommen. Diesen können Sie selbstverständlich bei den Programmverkäufern einlösen.

Sie haben vor der Show kein Programm gekauft und nun, nachdem Sie die Show geniessen durften, würden Sie doch gerne eines haben? Kein Problem, die Damen und Herren vom Programmverkauf sind wohl auch die Letzten (bitte nicht falsch verstehen), die Sie vom Basel Tattoo sehen.

Es gibt in Basel eine ältere Dame, die es sich nicht nehmen lässt, jedes Jahr ein Basel Tattoo-Magazin zu kaufen. Sie hat zwar noch nie die Show in der Arena gesehen, aber das ist ihr auch nicht wichtig. Sie freut sich über das Getümmel, das sie bei ihrem täglichen Spaziergang durch Kleinbasel im Bereich der Kaserne vorfindet. Ausserdem schaut sie sich auf jeden Fall die Show später im Fernsehen an.

Verstehen sich alle Helfer untereinander so gut, wie es immer behauptet wird?

Gerne würde ich jetzt sagen: „Ja, natürlich, was für eine Frage, selbstverständlich verstehen wir uns alle bestens, wir sind doch eine grosse Familie." Aber wie es sich jeder vorstellen kann, kommt es auch in den besten Familien zu Streitereien und Missverständnissen. So wie es halt ist, wenn viele verschiedene Charaktere aufeinanderstossen.

Da gibt es die Helfer, die schon seit Jahren dabei sind und sich gegenüber den anderen Helfern dann gerne als Chef aufführen. Wehe, wenn ein neuer oder aber auch ein langjähriger Helfer einen Verbesserungsvorschlag macht oder die Arbeit anders erledigt als gewohnt. Dann wird er von diesen Möchtegernchefs derart forsch zurechtgewiesen, dass es schon den Fall gab, dass der zurechtgewiesene Helfer sich für den Rest des Basel Tattoos verabschiedet hat.

Dann gibt es im Gegensatz zu den alten Hasen am Basel Tattoo aber auch Helfer, die gerade frisch dabei sind, und die der Meinung sind, dass das Basel Tattoo nur auf sie gewartet hat, und bis jetzt absolut keine Ahnung hatte, wie man was am besten macht. Diese sind dann der festen Überzeugung, dass sie die Weisheit mit Löffeln gegessen haben, und versuchen alles, was bisher hervorragend läuft, total umzukrempeln und lassen sich lieber auf langwierige Diskussionen ein, anstatt einfach nur anzupacken und vorwärtszumachen.

Einzelne Teams werden so zu einer fest eingeschworenen Gemeinschaft, dass es nur schwer ist, dort Fuss zu fassen, bzw. das Gegenteil, dass man von dieser Gruppe völlig einverleibt wird. Natürlich ist es schön, wenn Teams sich so gut verstehen, dass sie sich auch in der Zeit ohne Basel Tattoo treffen und etwas zusammen unternehmen. Wenn dann aber so etwas wie folgt passiert, ist es doch zu viel des Guten.

Da war zum Beispiel ein Team, das sich wie oben beschrieben auch ausserhalb vom Basel Tattoo traf. So war also schon vor dem Basel Tattoo von einem Mitglied dieses Teams eine Einladung in sein Ferienhaus für nach dem Basel Tattoo ausgesprochen worden.

Nun ergab es sich aber, dass bei einer gemeinsamen kleinen Feier, die an einem Abend für alle Helfer des Basel Tattoos stattfand, sich ein Mitglied dieses besagten Teams nicht an den Tisch setzte, an dem schon alle anderen Teammitglieder zusammensassen, sondern entdeckt hatte, dass zwei neue Helfer ganz alleine an einem Tisch sassen.

Dieses Mitglied dachte sich also, es wäre doch ganz nett, wenn es sich zu diesen beiden gesellen würde, damit sie sich beim Basel Tattoo aufgenommen fühlten. Gedacht, getan. Es wurde ein netter Abend.

Womit das Teammitglied allerdings nicht rechnete, war, dass es am nächsten Tag von der Einladung ins Ferienhaus wieder ausgeladen wurde, da es ja wohl offenbar kein Interesse an der Gruppe hätte, denn wenn dem so wäre, hätte es sich ja gestern Abend zu ihnen gesetzt und nicht einfach woanders niedergelassen.

Tja, so kann es kommen, wenn ein Team so eingeschworen ist, dass es vergisst, dass es auch noch eine Welt ausserhalb des Teams gibt. Verständlich, dass sich das ausgeladene Mitglied für das nächste Jahr anderweitig umgesehen hat.

Es gibt auch solche Helfer, die zwar an viele Einsätze kommen, aber nicht wirklich etwas tun, sich zum Beispiel die ganze Zeit an einem Besen festhalten, anstatt damit zu wischen, gemütlich rauchen und den anderen Helfern bei der Arbeit zusehen. Deren Arbeit muss dann von den anderen miterledigt werden, verständlich, dass es da dann auch mal Ärger gibt.

Mir ist es auch schon passiert, dass ich gebeten wurde, einige Kartons mit Programmen, die draussen abgeladen worden waren, zum VIP-Bereich zu bringen. Da es sehr viele Kartons waren, schaute ich mich nach Hilfe um. Schnell hatte ich einen Helfer, der einfach nur herumstand, ausgemacht und fragte ihn höflich, ob er mir bitte helfen könne.

Auf die Antwort, die dann kam, war ich allerdings nicht gefasst. „Nein, das kann ich nicht, ich bin nicht im Einsatz!" Ich war so baff, dass ich nichts antworten konnte und kopfschüttelnd davon ging. Natürlich bekam ich trotzdem Hilfe, es kam ein Helfer, der einfach mit anpackte, weil er bemerkt hatte, dass es etwas zu tun gibt.

Einmal waren zwei Helfer auch recht verärgert, weil sie gerufen wurden, um aus einem der Rossställe etwas in den Shop-Container zu bringen. Nein, sie waren nicht verärgert, weil sie etwas tun sollten, es ging nur darum, *was* sie zu tun hatten. Sie traten also bei der Dame an, die diesen Auftrag zu vergeben hatte. Die Dame ging mit ihnen in den Rossstall, wo den beiden Helfern dann mitgeteilt wurde, dass zwei Kartons mit Programmen zum Shop-Container müssten.

Da ein Karton kaum grösser als ein Schuhkarton ist, kamen sich die beiden Helfer doch ein wenig für dumm verkauft vor. Aber wie ihnen geheissen worden war, schritten die beiden Helfer, jeder mit einem Karton in einer Hand, der Dame hinterher, die selbst beide Hände frei hatte.

Na ja, und dass viele Gerüchte über dies und das unter den Helfern die Runde machen, brauche ich sicher nicht extra zu erwähnen, das gehört offenbar auch dazu. Man muss halt für sich selbst entscheiden, wie weit man dem Glauben schenkt und sich an der Verbreitung dieser Gerüchte beteiligt.

Ganz schlimm ist es aber, dass ich an dieser Stelle leider auch berichten muss, dass es auch solche unter den Helfern gibt, die andere Helfer bestehlen. Ja, so ist das leider, denn aus unserer Garderobe sind schon Handtaschen und Portemonnaies weggekommen.

Auch scheint es einigen Helfern nicht genug zu sein, dass sie eine Basel Tattoo-Mütze und eine -Regenjacke erhalten, da sie sich sogar die Mützen und Regenjacken von den Helferkollegen mopsen. Ich finde das sehr schade, hier schwingt meine Verachtung gegenüber diesen „Helfern?" mit.

Ich für meinen Teil habe meine Mütze und Regenjacke angeschrieben. Sie meinen, das nützt nichts gegen Diebstahl. Da haben sie wohl recht, wenn man es so macht, dass man es nicht sieht. Ich aber habe einfach meinen Vornamen mit weissem Glitzerkleber aussen auf den Schirm meiner Mütze geschrieben bzw. über das *Basel Tattoo* auf der Vorderseite meiner Regenjacke. Natürlich habe ich mir dabei die grösste Mühe gegeben, damit es auch gut aussieht und keinen schlechten Eindruck macht. Das hat nun den Vorteil, dass meine Jacke oder Mütze nicht geklaut werden, und ein Besucher gleich weiss, mit wem er es zu tun hat.

Auch habe ich gehört, dass eine Helferin, die in einem reinen Männerteam tätig war, sich rausgeekelt gefühlt hat. Ob das wirklich so war, kann und will ich natürlich nicht beurteilen, zumal ich nur eine der beiden Seiten gehört habe.

Ich selbst habe allerdings schon oft erlebt, dass einige Männer mir gewisse Arbeiten einfach aus der Hand nehmen wollten, weil sie es mir, wie ich dann immer annehme, nicht zutrauen würden, dass ich das auch ohne ihre Hilfe erledigen kann.

In solchen Fällen werde ich dann immer richtig grantig und pflaume denjenigen nicht gerade sehr nett an. Kann man jemanden eigentlich nett anpflaumen? Ja, Sie haben recht, das ist nicht die feine englische Art.

Es kann ja auch sein, dass der Mann einfach nur nett ist und mir darum helfen möchte. Ja sicher, aber ich und auch die anderen Frauen sind dabei, weil wir helfen wollen und in den meisten Fällen haben wir uns die Arbeit, die wir machen, selbst ausgesucht, also wollen wir diese auch erledigen. Wenn ich Hilfe brauche oder etwas nicht kann, dann komme ich gewiss und bitte darum.

Aber im Grossen und Ganzen macht es ja Spass, als Helfer zu arbeiten, sonst gäbe es sicher nicht so viele von uns, die jedes Jahr wieder dabei sind.

Es gibt auch einen Helfer, der ist entweder vom Basel Tattoo mehr als nur begeistert, oder er hat keine anderen Shirts im Schrank, denn immer, wenn man ihn das Jahr über in der Basler Innenstadt antrifft, hat er ein Basel Tattoo-Shirt an und die Basel Tattoo-Kappe auf – das nenne ich echte Basel Tattoo-Verbundenheit.

Ich selbst musste einmal ein Jahr aussetzen, da es mir schon das ganze Jahr gesundheitlich nicht besonders gut ging. Also wollte ich meinen bereits schon eingereichten Urlaub dann zur Erholung in Basel nutzen.

In diesen zwei Wochen habe ich Basel auch sehr gut kennengelernt, allerdings hat es mich beinahe jeden Tag zum Basel Tattoo gezogen, wo ich dann halt mal als Besucher meine Zeit verbracht habe und die Tattoo Street geniessen konnte. Auch habe ich mich gefreut, die anderen Helfer wiederzusehen und mich mit ihnen zu unterhalten.

Natürlich habe ich mir die Show nicht entgehen lassen, ich hatte Glück und bin noch zu einer Eintrittskarte gekommen – und erholt habe ich mich auch.

Ist schon mal ein Helfer rausgeschmissen worden?

Ja, auch das ist schon vorgekommen. Klar, die Helfer kommen alle freiwillig und opfern ihre Freizeit, um am Basel Tattoo mitzuwirken, dennoch müssen sie natürlich auch zum guten Gelingen der Veranstaltung beitragen.

Wenn es dann aber Helfer gibt, die der Meinung sind, dass sie den Auftrag, den sie bekommen haben, nur halbherzig ausführen können, haben sie einiges nicht verstanden. So ist es vorgekommen, dass ein Helfer, der eigentlich dafür abgestellt war, dafür zu sorgen, dass die Besucher einen bestimmten Bereich nicht betreten, sich einfach hingesetzt hat und ein Buch gelesen hat und nicht wirklich darauf geachtet hat, wer den Bereich betreten hat.

Dieser Helfer war draussen.

Es gab auch Helfer, die bei Einsatzbeginn erschienen, die Gutscheine für den Einsatz erhalten haben und dann einfach wieder gingen, ohne auch nur einen Handschlag zu tun. Auf solche Helfer kann natürlich auch verzichtet werden.

Leider gibt es immer wieder Leute, die keinerlei schlechtes Gewissen haben, wenn sie sich an solchen Unternehmen bereichern, ohne etwas geleistet zu haben. Die sich zwar als Helfer angemeldet haben, die Freikarten und Shirts erhalten haben, dann aber nicht einmal zu einem Einsatz erschienen sind.

Wahrscheinlich sind solche Leute auch noch stolz darauf, dass ihnen dieser Betrug gelungen ist, und prahlen damit, dass sie angeblich zum Gelingen des Basel Tattoos beitragen. Schliesslich sind sie sogar noch krankhaft stolz darauf, dass sie hier sogar Erwähnung finden, ohne zu erahnen, dass diese Zeilen mit vollster Verachtung für sie geschrieben wurden.

Gibt es etwas Besonderes für Helfer, wenn es sehr heiss ist?

Das Basel Tattoo ist immer sehr darauf bedacht, dass es uns freiwilligen Helfern gut geht. Darum wird immer darauf geachtet, dass genügend Pausen gemacht werden und dass auch jeder genug isst und trinkt. Auch wir Helfer untereinander erinnern uns immer wieder daran etwas zu trinken, gerade wenn es besonders heiss ist. Ist nämlich viel zu tun und man unentwegt im Einsatz, kann man das Trinken schnell mal vergessen.

Es war ein besonders heisser Sommer und die Sonne brannte unermüdlich, während die Helfer dabei waren, die Tattoo Street aufzubauen. Jedem Helfer rann der Schweiss nur so herunter, kaum eine Stelle der Kleidung war noch trocken. Um den Elektrolythaushalt jedes einzelnen Helfers während dieser Tortur wieder in geordnete Bahnen zu lenken, bestellte der Gruppenchef in einem nahegelegenen Hotel einen grossen Topf Boullion.

Als die Boullion bereitstand, rief der Gruppenchef sein Team zusammen und gemeinsam gingen sie in die Gartenwirtschaft des Hotels. Jeder liess sich müde auf einen der bequemen Stühle fallen und freute sich auf die Boullion.

Also wurde die Boullion ausgeschenkt und die Helfer begannen schlürfend das heisse Gebräu in sich hineinzuschaufeln. Aber was war das? Da hatte sich der Koch offenbar vertan und dem heissen Wasser maximal einen Brühwürfel beigefügt. Also verlangte jeder nach Salz und sonstigen Gewürz-mischungen, um wenigstens etwas Geschmack in die Brühe zu bekommen. Schade, dass der gute Wille des Gruppenchefs derart ins (Brüh-) Wasser gefallen ist.

Es kommt auch vor, dass ein Gruppenchef plötzlich mit einem Karton Eis auftaucht und dieses an sein Helferteam verteilt – eine willkommene Erfrischung, die natürlich von jedem Helfer gerne angenommen wird.

Aber nicht nur die Gruppenchefs sorgen für unser Wohl. Nein, auch die Helfer selbst geben sich untereinander schon mal ein Eis, einen Kaffee oder Ähnliches aus.

Wenn ich selbst im Badge-Container Dienst habe, bringe ich bei heissem Wetter gerne mal frische Wassermelone oder an-deres Obst mit. Da kann sich dann jeder Helfer bedienen und sich ein klein wenig erfrischen. Nicht selten langt dann auch mal ein Besucher nach einer kleinen Erfrischung.

Wo essen die Helfer und Mitwirkenden?

Alle freiwilligen und professionellen Helfer sowie alle Mitwirkenden erhalten ihr Essen vom Basel Tattoo, dass in der Dining Hall, der Turnhalle der Kaserne, eingenommen werden kann. Das Essen wird angeliefert und von dem Verpflegungsteam ausgegeben.

Es gibt meist verschiedene Menüs, wobei darauf geachtet wird, dass die Essgewohnheiten der ausländischen Mitwirkenden berücksichtigt werden. So gibt es zusätzlich immer etwas Vegetarisches und Asiatisches. Obendrein gibt es täglich Hamburger und ein Salatbüfett. Auch Obst ist in ausreichender Menge vorhanden. Eis, Kuchen, Wasser, Süssgetränke und Kaffee runden das Angebot ab.

Die Portionen sind reichlich und beliebig zusammenstellbar. Wer beim Basel Tattoo nicht satt wird, hat selber schuld. Die Formationen haben feste Essenszeiten, damit die Dining Hall nicht plötzlich von 1000 Leuten überrannt wird. Mir schmeckt das Essen immer sehr gut.

Offenbar hatte sich das auch in der näheren Nachbarschaft des Basel Tattoo-Geländes herumgesprochen. Konnte ich doch einmal beobachten, dass eine Dame immer wieder kam und sich Essen holte. Wohlgemerkt, sie war weder eine Helferin, noch war sie eine der Mitwirkenden. Nachdem sie das dritte Mal Essen geholt hatte, machte ich mir die Mühe nachzusehen, wo sie denn mit dem Essen hinging. Sie verschwand in einem der Nachbarhäuser. Entweder hatte sie grossen Hunger, oder es warteten darinnen noch mehr auf das Basel Tattoo-Essen. Heute ist das kaum mehr möglich, wird doch nur noch derjenige in die Dining Hall gelassen, der auch einen Badge hat.

Wenn man darüber nachdenkt, wie viele Menschen da täglich bis zu zwei warme Mahlzeiten einnehmen, ist es doch immer wieder erstaunlich, dass das Helferteam die Dining Hall so gut im Griff hat, dass man immer saubere Plätze vorfindet.

Wie ich schon sagte, ich mag das Essen sehr gerne, ich muss allerdings zugeben, dass ich nach der Basel Tattoo-Zeit dann aber auch genug davon habe und mich auf ein saftiges Steak oder eine würzige Suppe freue.

Werden die Helfer von den Bands respektiert?

Das ist eine schwere Frage, die ich natürlich nur aus meiner Sicht beantworten kann. Ich denke schon, dass uns die Musiker respektieren. Im Grossen und Ganzen kommen wir gut miteinander aus.

Ein paar Musiker hatten sogar einmal ein bisschen zu viel Respekt vor mir. Ich sass wie gewöhnlich im Badge-Container und hatte nicht viel zu tun, es war noch lange hin bis zur ersten Vorstellung des Tages und das Wetter war fantastisch.

Einige junge Bandmitglieder kamen die Tattoo Street hinunter und blieben bei mir stehen, um mir zu erzählen, dass sie nun in den Rhein zum Schwimmen gehen würden. Stolz zeigten sie mir ihre frisch erworbenen Wickelfische, jeder von ihnen hatte sich einen gegönnt.

Zwei dieser jungen Männer alberten im Hintergrund herum und lieferten sich einen gespielten Ringkampf. Der damit endete, dass der eine dem anderen einen seiner Schuhe auszog und diesen flink in einem der PET-Container versenkte.

Da der Container frisch geleert war, hatte der Musiker, dem nun ein Schuh fehlte, keine Chance, an seinen Schuh zu gelangen, auch dann nicht, als er seinen Arm, den er durch die Öffnung gesteckt hatte, so lang wie möglich machte und dabei beinahe selbst in dem Container verschwunden wäre, wäre die Öffnung nur etwas grösser gewesen.

Nachdem ich mir das Schauspiel angesehen hatte, verliess ich meinen Container, um dem Hilflosen zur Hilfe zu eilen. Allerdings wollte er davon nichts wissen, das kam für ihn nicht in Frage. „Nein, das ist sicher nicht dein Job", wies er mich zurück und duldete keine Widerrede.

So blieb ich also stehen, um zuzusehen, wie er immer wieder mit langem Arm vergeblich nach dem Schuh angelte. Der Container wurde auf den Kopf gestellt und geschüttelt, dennoch gelang es ihm nicht, den Schuh nach aussen zu befördern. Seine Kameraden gaben ihm immer wieder neue Tipps, wie er wohl zum Erfolg kommen konnte.

Mich erinnerte das Ganze doch sehr an den Affen, der seine Hand in eine Flasche steckt, um eine Leckerei herauszuholen, den Arm dann aber nicht mehr aus der Flasche bekommt, weil er seine Faust, die die Leckerei umschlingt, nicht mehr durch den Flaschenhals bekommt.

Das Spielchen dauerte bestimmt zehn Minuten. Es war schon erstaunlich, was der Mann alles versuchte, um den Schuh zu fassen zu bekommen, nur um ihn dann doch wieder fallen zu lassen, weil er quer gehalten eben nicht durch die Öffnung passt.

Ich startete nun einen weiteren Versuch und schritt auf den Container zu, der gerade wieder auf ein Neues emporgehoben und geschüttelt wurde. „Stell bitte den Container hin, das hat doch so keinen Sinn", bat ich.

Aber er hörte nicht auf mich und wies mich energisch zurück. Nun endlich gelang es ihm, den Schuh so zu greifen, dass er ihn aus dem Container ziehen konnte. Voller Stolz präsentierte er mir und den anderen den Schuh. Woraufhin ich ihm mit einem breiten Grinsen den Schlüssel für den Container präsentierte – er hätte es viel einfacher haben können.

Waren Helfer schon mal auf sich alleine gestellt?

Ja, es kommt schon mal vor, dass die Helfer ihrem Schicksal überlassen werden. Natürlich passiert das nicht beabsichtigt, aber es passiert schon einmal. Dann tut der Helfer gut daran, sich selbst zu helfen.

Bei den ersten Basel Tattoos endete die Parade nicht im Kasernenareal, sondern beim Messeplatz. Als Dank für die Teilnahme sollten den Mitwirkenden Bier und kühle Getränke ausgegeben werden. Also wurde in der Messe vom OK-Team alles dafür bereitgestellt und aufgebaut.

Als dann das Helferteam, dass die Getränke ausschenken sollte, in der Messe ankam und sie die ersten Getränke zapfen wollten, stellten sie fest, dass gar keine Becher vorhanden waren, in denen die Getränke hätten ausgegeben werden können. Zum Glück waren die Helfer rasch dabei, um noch genügend Becher aufzutreiben. Nun konnte es losgehen, oder auch nicht.

Denn nun mussten die Helfer feststellen, dass die Zapfanlagen keine Stromversorgung hatten, es kam also kein Tropfen aus den Hähnen. Eines der benachbarten Lokale konnte mit genügend vielen Verlängerungskabeln und Steckdosen aushelfen, sodass der Getränkeausschank im Anschluss an die Parade dann doch noch gewährleistet war.

Es war auch einmal nach einer Parade, wieder bei der Messe, als das Helferteam, das die Getränke ausgab, darüber informiert wurde, dass sie nun langsam die Hähne zumachen sollten, um mit dem Abbau zu beginnen.

Allerdings war da eine Band, die es sich so richtig gemütlich gemacht hatte und die Helfer nicht ernst nahm. Es interessierte sie nur wenig, als die Helfer sie baten, nun doch Schluss zu machen. Auch der Hinweis darauf, dass ja in wenigen Stunden eine Show anfange, zu der die Band ja schliesslich erscheinen müsse, hatte keinen Erfolg.

Schliesslich einigte man sich endlich darauf, dass sich jeder noch ein Bier holen könne und dann sei Feierabend.

Jedes Bandmitglied ging auch los, um sich noch Bier zu holen, allerdings gaben sie sich mit einem nicht zufrieden. Jeder verlangte mindestens zwei Bier. Da die Helfer angehalten sind, es den Bandmitgliedern so recht wie möglich zu machen, folgten sie den Wünschen.

Also verging noch eine sehr lange Zeit, bis die Band sich schliesslich auf den Weg in die Kaserne machte.

Die Helfer waren froh, dass sie nun endlich alles abbauen und Feierabend machen konnten. Der eine oder andere Helfer fragte sich allerdings, ob die Mitglieder dieser Band am heutigen Abend bei der Show wirklich noch in der Lage seien, geradlinig zu marschieren.

Gab es bei den Helfern Unfälle?

Sicher können Sie sich vorstellen, dass bei den vielen Arbeiten, die für einen so grossen Anlass getätigt werden müssen, hie und da auch etwas passiert.

Da gibt es schon mal die eine oder andere kleine Schramme, die hier aber nicht erwähnenswert ist.

Ich kann zum Glück nicht von ganz so vielen Unfällen berichten.

Einem Helfer ist bei der Entsorgung von Müll in einen der grossen Müllcontainer einmal der Deckel des Containers auf den Hinterkopf gefallen. Er hatte sich recht weit über den Rand des Containers gebeugt, der geöffnete Deckel war nicht eingerastet und eh er sich versah, hatte der Deckel auch schon zugeschlagen. Eine grosse Platzwunde und eine leichte Gehirnerschütterung waren die Folge.

Auch wollte einmal ein Gruppenchef zwei Wasserflaschen auffangen, die gerade dabei waren, von einem fahrenden Gabelstapler herunterzufallen. Er hat sie auch aufgefangen, allerdings konnte der Fahrer des Gabelstaplers nicht so schnell auf den plötzlich heraneilenden Helfer reagieren und fuhr ihm über den Fuss. Gebrochene Zehen zwangen den Helfer dann, eine Zeit lang zu pausieren. Er hätte die Flaschen besser fallen lassen sollen.

Auch mir selbst ist schon einmal ein Unfall passiert. Ich war gerade dabei, eine der Leinwände an den Zaun zu spannen. Dazu werden Kabelbinder durch die Ösen der Leinwand gezogen, um den Holm des Zaunes geschlungen, geschlossen und dann fest angezogen. Genau bei dem Festanziehen, das wir immer mit einer Kombizange bewerkstelligen, bin ich mit der Zange abgerutscht und habe mir selbst voll einen rechten Haken verpasst, und zwar genau auf den Mund. Ein Schneidezahn war diesem Schlag nicht gewachsen und ist leider abgebrochen.

Das war aber halb so schlimm. Da dem Basel Tattoo und seinen Helfern auch Ärzte zur Verfügung stehen, hatte ich recht schnell ein Provisorium an meinem Zahn, sodass ich mich rasch wieder zu lächeln traute.

Lernt man als Helfer die Musiker kennen?

Das ist auch wieder eine Frage, die sich nicht pauschal beantworten lässt. Sicher liegt es an jedem Helfer selbst, ob er auf die Musiker zugeht, um sie näher kennenzulernen. Das ist für die einen recht einfach, für die anderen weniger, da es auch davon abhängig sein kann, wo man als Helfer eingesetzt ist. Ein Helfer, der morgens die Arena vom Vorabend reinigt, wird nur selten auf einen Musiker treffen.

Aber wenn man sich ein wenig bemüht, dann gibt es genug Gelegenheiten, sich mit den Musikern zu unterhalten, wie z.B. beim Essen, oder am Abend in der Cast-Bar.

Sicher werfen Sie nun ein, dass die Sprache auch eine Rolle spielt, ob man sich mit jemanden unterhalten kann oder nicht. Da haben Sie mal wieder recht, aber ich habe festgestellt, und es hat mich auch ein wenig erstaunt, dass die meisten der Musiker Englisch sprechen können, auch wenn sie aus den exotischsten Ländern kommen. Das vereinfacht die Sache erheblich.

Einige der Helfer haben es sich zur Aufgabe gemacht, jedes Jahr von allen teilenehmenden Formationen ein Souvenir zu bekommen. Das ist schon Grund genug, auf die Musiker zuzugehen. Nicht selten haben die Formationen Pins oder Aufkleber dabei, die sie auch gerne an die Helfer abgeben.

In dieser Hinsicht hat der Helfer, der als Fotograf im Einsatz ist, die besten Aussichten auf Souvenirs. Da er häufig für die

Gruppenfotos, die die Bands gerne vor der Kulisse der Kaserne machen, gerufen wird. Nicht selten habe ich ihn gesehen, wie er schwer beladen mit Pins, Hüten, Kappen, Wimpeln, Shirts usw. von einem Fototermin wieder zurückgekehrt ist.

Mein Sohn hatte es sich in einem Jahr zur Aufgabe gemacht, eines seiner Basel Tattoo-Shirts von jedem Musiker signieren zu lassen. Auch so kommt man in Kontakt mit den Teilnehmern.

Da ich häufig an Einsatzorten tätig bin, wo ich direkt in Kontakt mit den Musikern komme, habe ich auch schon viele Musiker kennengelernt und muss weder hinter Souvenirs noch Unterschriften her sein. Einige Musiker sind in jedem Jahr dabei. Inzwischen ist es so, dass wir uns jedes Jahr auf das jährliche Wiedersehen freuen.

Ich weiss auch von einigen Helfern, die während des Jahres mit den Musikern über die gängigen Sozial-Plattformen in Kontakt stehen oder sich gegenseitig besuchen. Ich denke, da sind schon einige Freundschaften zwischen Helfern und Musikern entstanden, die sich rund um den ganzen Globus spannen.

Sie würden sich als Besucher auch gerne mal mit einem Teilnehmer unterhalten? Das ist sicher auch nicht schwer, da die Musiker ja nicht abgeschottet werden. Gehen Sie an den Rhein, wo die Musiker ihre Instrumente einspielen, oder vor der Parade auf den Münsterplatz, wo sich die Musiker versammeln.

Oder achten sie einfach tagsüber in Basel auf die Leute, die mit einem Basel Tattoo-Badge herumlaufen, auch bei denen kann es sich um einen Musiker handeln. Ebenso können Sie während der Vorstellung den einen oder anderen Musiker in der Tattoo Street antreffen. Jetzt sind sie besonders leicht zu erkennen, da sie ihre Uniformen tragen. Ich wünsche Ihnen gute Unterhaltung.

Es ist allerdings nicht immer so, dass es nur die Helfer sind, die mit den Musikern in Kontakt treten, natürlich sind auch die Musiker an den Helfern interessiert und gehen deshalb von sich aus auf sie zu.

Würdest Du auch helfen, wenn es Lohn für die Arbeit gäbe?

Bei dieser Frage muss ich nicht lange nachdenken, diese kann ich mit einem klaren „NEIN" beantworten. Sicher, es ist immer gut Geld zu verdienen, aber ich denke nicht, dass die Stimmung und das ganze Umfeld genauso sein würden, wie es jetzt am Basel Tattoo ist, wenn die Helfer einen Lohn erhalten würden.

Ich bin davon überzeugt, dass eine Gruppe, die freiwillig zusammenkommt, um zu arbeiten, harmonischer miteinander umgeht, als wenn in der Gruppe nur Leute sind, die in erster Linie Geld verdienen wollen und womöglich auch keinen Spass an der Arbeit haben. Das wirkt sich natürlich auch auf die Gäste und Mitwirkenden aus.

Ich weiss, dass ich mit dieser Meinung nicht allein bin.

Was hat es mit dem Shirt-Tausch auf sich?

Shirt-Tausch, wir sind doch hier nicht beim Fussball, wo die Spieler nach dem Spiel ihre Trikots tauschen. Ich stelle mir gerade das Bild vor, das in der Arena beim Finale entstehen würde, wenn alle Musiker ihre Uniformjacken tauschen würden – was für ein Gewusel.

Dennoch, Sie haben mal wieder recht, es gibt auch einen Shirt-Tausch am Basel Tattoo, natürlich ist der nicht offiziell, findet aber dennoch statt.

Auf der einen Seite sind da die Musiker, die zusätzlich zu ihrem Basel Tattoo-Cast-Shirt auch gerne eines vom Staff hätten. Und auf der anderen Seite sind da die Helfer, die auf die Band-Shirts scharf sind.

Häufig werde ich also von den Musikern angesprochen und gefragt, ob ich nicht jemanden von den Helfern wüsste, der eines seiner Shirts abgeben würde. Da ich die Prozedur inzwischen kenne, teile ich dem Musiker gleich mit, dass es sicher Helfer gibt, die eines ihrer Shirts abgäben, allerdings nicht, ohne eine Gegenleistung zu erhalten: Ein Band-Shirt muss da schon für sie herausspringen. Selbstverständlich kann der Tausch erst gegen Ende des Basel Tattoos stattfinden, wir brauchen unsere Shirts ja für die Arbeit.

Wenn das geklärt ist, spreche ich dann den Helfer an, der in etwa die Statur des Musikers hat, denn die Grösse des Shirts muss natürlich der des Musikers entsprechen, und unterbreite ihm das Angebot. In den meisten Fällen führt das zum Erfolg, und zwei Menschen freuen sich über ihre neue Errungenschaft. Es ist aber auch schon vorgekommen, dass es mit der Grösse nicht ganz geklappt hat und der Musiker dann beinahe in dem Staff-Shirt versunken wäre.

Wie Sie sicher erahnen, kommt auch der umgekehrte Fall vor, dass ich von einem Helfer um Hilfe gebeten werde, weil er ein bestimmtes Band-Shirt haben möchte. Auch hier versuche ich dann zu vermitteln. Sie fragen sich, warum ich damit behelligt werde. Das ist ganz einfach, offenbar haben Männer damit ein Problem, einen anderen Mann um sein Shirt zu bitten. Das könnte wohl schon mal zu Missverständnissen führen. Was ich verstehen kann, darum helfe ich gerne.

Allerdings habe ich mich schon öfters gefragt, ob die Bands wohl ihre Shirts wirklich so einfach abgeben können, denn schliesslich handelt es sich bei dem Shirt ja meistens um einen Teil der Uniform, und davon darf ein Soldat nicht so einfach etwas weggeben. Vielleicht steigt die Anzahl Verlustmeldungen in den verschiedenen Kleiderkammern nach dem Basel Tattoo immer enorm an.

Was bedeutet „Tattoo"?

Ja, das ist genau das, was ich ja immer wieder erklären muss, das Basel Tattoo hat nichts mit der Körperkunst zu tun. Ganz banal gesagt bedeutet „Tattoo" „Zapfenstreich". Das wird Ihnen natürlich als Antwort nicht reichen, darum hier die offizielle Erklärung (Quelle: Webseite des Basel Tattoos/FAQ):

Im 17. Jahrhundert wurde mit dem Satz „doe den tap toe" („mach den Hahnen zu!") auf Befehl des Kommandanten der Bierhahnen geschlossen. Dieses Signal wurde meistens von einem Trommler oder Pfeifer gespielt. Die englische Sprache bildete dann aus dem holländischen Zapfenstreich das Wort „tattoo". Im Laufe der Zeit ist der Zapfenstreich oder eben „tattoo" zum Synonym für entsprechende Musikfestivals geworden.

Wahrscheinlich kennen heute die meisten Basel Tattoo-Besucher diese Bedeutung.

Als Besucher, der beim ersten Basel Tattoo auf dem Kasernenareal dabei war, erinnern Sie sich sicher an die Eröffnung der Show, bei der dieser Begriff durch ein Schauspiel, das eben genau den Zapfenstreich darstellte, erklärt wurde.

Die damaligen Helfer haben die Produktion sicher mehr als nur einmal verflucht. Um die Szenerie des Zapfenstreichs glaubwürdig darzustellen, mussten Bänke und Tische für die Soldaten in die Arena transportiert werden. Das ist ja auch nicht weiter schwer, es sei denn, es handelt sich um massive Holzbänke und Tische wie im besagten Fall.

Diese Möbel waren dermassen schwer, dass sie allein durch Manneskraft fast nicht zu bewegen waren. Unter grossem Gestöhne und Geächze der Helfer war es jeden Abend eine neue Herausforderung, die Möbel erst in die Arena zu bringen und nachher wieder daraus zu entfernen.

Mit einer Hilfskonstruktion aus den Unterteilen von Transportwagen für Waren wurde versucht, des Gewichts der Möbel Herr zu werden, was aber nur teilweise klappte. Der Verschleiss an Warentransportwagen muss in diesem Jahr besonders hoch gewesen sein, da auch diese das Gewicht nicht lange tragen konnten und daher gerne auseinanderbrachen.

Was hat der Badge-Container für eine Bedeutung?

Gut, als aufmerksamer Basel Tattoo-Besucher ist Ihnen also auch der eine Container aufgefallen, der mit „Badges" angeschrieben ist.

Nein, Sie müssen Ihre Eintrittskarte nicht gegen einen Badge eintauschen. Der Helfer im Badge-Container ist dafür zuständig, dafür zu sorgen, dass jedes Bandmitglied, jeder Helfer, freiwillig oder als Angestellter einer der mitwirkenden Firmen, und jeder geladene Gast einen Badge bekommt. Dieser Badge ermöglicht einen ungehinderten Zugang zum Basel Tattoo-Gelände auch ohne Eintrittskarte.

Auch wenn es immer wieder versucht wird: Nein, es ist nicht möglich, einen solchen Badge zu kaufen. Oh, dabei fällt mir ein, dass ich bei der Aufzählung, was wir als Lohn bekommen, doch tatsächlich noch etwas Wichtiges vergessen habe. Für uns Helfer gilt der Badge bei Fahrten mit den BVB als Fahrkarte. Das ist sehr praktisch, auch für die Helfer, die mit dem Auto anreisen. Solche Helfer können mit Vergünstigung im Messe-Parkhaus parken und von dort einfach mit dem Tram zum Basel Tattoo-Gelände gelangen.

Das Badge-Team erstellt also die Badges. Dazu muss jedes Mitglied auch fotografiert werden. Für die meisten ist das auch kein Problem, rein in den Container, vor die Wand stellen, lächeln und schon ist das Foto im System und wird auf den neuen Badge gedruckt.

Es gibt aber auch die, die dann doch lieber erst einmal noch das Schminktäschchen und den Kamm hervorholen, um auf dem Badge-Foto gut auszusehen. Na ja, auf der einen Seite kann ich das ja auch verstehen, ist erst einmal ein Foto gemacht, so wird es jedes Jahr aufs Neue für den Badge benutzt. Auf der anderen Seite trägt doch jeder seinen Badge sichtbar mit sich herum und was nützt es da, wenn das Foto gut aussieht und sich das Original dagegen wegen des schlechten Wetters oder sonstiger widriger Umstände in diesem Moment nicht von seiner Schokoladenseite zeigt?

Dabei fällt mir eine Begebenheit ein, die ich wahrscheinlich nicht unbedingt erzählen sollte, aber so ist es nun mal passiert.

Vorwegschicken sollte ich, dass auch die Familienmitglieder der besonders wichtigen Basel Tattoo-Mitwirkenden einen Badge erhalten.

So kam es also, dass sich ein Herr bei mir einfand und für seine Frau einen Badge verlangte. Hm, dachte ich bei mir, da kann ja jeder kommen. Ich kannte den Herrn nicht, was aber nichts zu bedeuten hatte, schliesslich kann ich ja nicht jeden kennen.

Was war aber, wenn es sich bei dem Herrn tatsächlich um eine wichtige Person handelte? Also fragte ich: „Ist es für mich besonders peinlich, wenn ich Dich frage, wer Du denn überhaupt bist?" „Ich bin nur der musikalische Leiter des Basel Tattoos, Christoph Walter!", belehrte er mich schmunzelnd und hielt mir seinen eigenen Badge vor die Nase.

Ups, das war wirklich peinlich, und das passiert mir, die ich doch schon Jahre dabei bin. Ja, den Namen kannte ich, aber ein Gesicht dazu hatte ich nicht präsent. Nun denn, natürlich bekam Christophs Frau ihren Badge und Christoph selbst hat es mir auch nicht übel genommen, dass ich ihn nicht erkannt habe.

Was sind die Sky-Boxen?

Oh ja, die Sky-Boxen, das sind die Container, die schon von Weitem zu erkennen sind, da sie in luftiger Höhe angebracht sind. Von der unteren Reihe der Sky-Boxen können Zuschauer die Show bestaunen, in der oberen Reihe sind Regie und Technik untergebracht, auch der Arenasprecher kommentiert von hier oben.

Ihre Frage erinnert mich an meinen Einsatz im letzten Jahr. Dieses Mal war ich in dem Team, das für die Sicherheit zuständig ist, tätig. Die Teamchefs dieses Teams bedankten sich im Übrigen mit einer Dankeskarte einige Tage nach dem Basel Tattoo per Post bei ihren Mitgliedern für den Einsatz – eine sehr schöne und nette Geste.

Aber nun zurück zum letzten Jahr.

Da ich am Anfang des Jahres einen Unfall erlitten hatte und eine Schulteroperation hinter mir hatte, war ich nicht für jeden Einsatz geeignet. Also wurde ich dazu abgestellt, oben vor den Sky-Boxen Stellung zu beziehen. Ich erinnere mich noch an den Einsatz, als sei er gestern gewesen:

Meine Füsse schmerzen höllisch, nun stehe ich hier schon seit Stunden vor den Sky-Boxen und achte darauf, dass keine Unbefugten die Sky-Boxen betreten, oder sogar den Weg in die Regie finden. Immer wieder versucht es der eine oder andere Besucher oder Helfer, auf die oberste Plattform der Arena zu gelangen.

Kein Wunder, von hier oben hat man ja auch einen herrlichen Ausblick über das gesamte Tattoo-Gelände. Auf der einen Seite kann man das rege Treiben der Besucher beobachten, auf der anderen Seite liegt einem die Arena zu Füssen.

Vor allem während einer Vorstellung ist die Szenerie in der Arena grandios. Jede Formation der Bands lässt sich genau ins Auge fassen, das Farbenspiel der Beleuchtung und der ausgewogene Klang der Musik lässt einem einen Schauer über den Rücken laufen. Mit einer Gänsehaut am Körper und einem emotionalen Glücksgefühl für die Seele steht man gerührt da und weiss nicht wirklich, wie einem geschieht.

Das will natürlich jeder einmal erleben, also gibt es immer wieder jemanden, der versucht, unerlaubt dieses Ziel zu erreichen. Die Ausreden bzw. Gründe, die mir von Besuchern und Helfern aufgetischt werden, nachdem sie die zahlreichen Stufen hinauf zu den Sky-Boxen erklommen haben, sind einfallsreich.

Die Gründe reichen von „Ich weiss nicht, wo mein Mann geblieben ist, kann ich bitte mal schauen, ob ich ihn von hier oben sehen kann" über „Ich bin ein guter Bekannter vom Speaker" bis hin zu „Ich möchte nur mal kurz ein Foto machen". Tut mir leid, der Blick ist käuflich und kann nur mittels eines Tickets für die Sky-Box erlangt werden.

Die Damen und Herren des Sky-Box-Teams versorgen mich mit frischem Wasser, das hilft zwar nicht gegen meine brennenden Füsse, erfrischt mich aber innerlich umso mehr. Auch sie sind schon seit Stunden auf den Beinen, schliesslich haben wir heute zwei Vorstellungen, auch sie fühlen ihre Füsse sicher doppelt schwer.

Dieses Team, das aus freiwilligen Helfern und Angestellten der Catering-Firma besteht, sorgt vor, während und nach der Vorstellung für das Wohl der Gäste. Es fliesst Champagner, Bier, Wein, Wasser und es werden weitere erfrischende Getränke gereicht. Auch für den Gaumengenuss wird mit wohlschmeckenden Häppchen im Anschluss an die Show gesorgt.

Ein Besucher kommt zu mir und fragt mich, wo denn hier oben das WC sei. Meine Antwort erfreut ihn nicht besonders. „Dort unten", sage ich und zeige auf den Toilettenwagen unten auf dem Gelände, gleich neben dem Eingang. „Was, ich muss da jetzt wieder ganz nach unten?", fragt der Gast ungläubig. „So ist es", versichere ich ihm. Ein wenig genervt macht er sich auf den Weg, er muss halt die zahlreichen Stufen wieder hinunter gehen, um sie nach dem Aufsuchen der Toiletten erneut zu erklimmen.

In diesem Jahr, so habe ich es aus sicherer Quelle erfahren, wird es neu auch eine Toilette in den Sky-Boxen geben.

Die meisten nehmen die Sache aber sportlich. So wie die Teams, die hier oben arbeiten. Da sind nicht nur die Regie und der Speaker, die mehrmals täglich hier hinauf müssen, nein, da sind die Damen und Herren der Technik, für die Beleuchtung, den Ton und für die Kameras.

Auch die Samariter müssen mehrmals täglich hier hinauf, denn schliesslich sollen Besucher in der Arena, denen es plötzlich gesundheitlich nicht mehr gut geht, möglichst schnell medizinisch versorgt werden. Also werden die medizinischen Helfer in der Arena von dem Team hier oben über Funk schnell und auf direktem Weg zu dem Hilfe benötigenden Besucher gelotst.

Klar sind all diese Helfer auch nicht gerade erfreut über die vielen Stufen, aber sie nehmen es positiv – Treppen steigen hält schliesslich jung. Auch wenn es immer wieder erneut den Anschein hat, als hätte jemand noch rasch ein paar mehr Stufen an die Treppe angebaut.

Während der Shows kommen auch die Leiter der Formationen nach oben, um zu sehen, wie die Musiker ihre Choreographie laufen oder tanzen. Diese dürfen natürlich einen Blick werfen, allerdings nicht aus den Sky-Boxen, sondern von einer kleinen Plattform daneben.

Auch der Salute-Taker – Sie, lieber Leser, wissen es als begeisterter Besucher, das jede Formation von einer hohen militärischen Persönlichkeit beim Ausmarsch gegrüsst wird – muss die vielen Stufen hier herauf bezwingen.

Sollten Sie, lieber Leser, in der Zukunft das Vergnügen haben, dass Sie die Show von den Sky-Boxen aus bestaunen dürfen, denken Sie an die vielen Stufen, die es vor dem Vergnügen zu erklimmen gilt.

Oh, jetzt hätte ich doch fast vergessen zu beschreiben, wie toll jedes Mal das Gefühl war, als die alte Ju 52 greifbar nahe und dennoch die vorgeschriebene Flughöhe von 300 Metern nie unterschreitend über mich hinweggeflogen ist. Der Höhepunkt waren jedoch die Flieger des PC-7-Staffelteams, das in Diamanten-Formation zu Beginn der Dernière über die Arena donnerte.

Um den 100. Geburtstag der Schweizer Luftwaffe gebührend zu feiern, war dieser spezielle Programmpunkt verwirklicht worden, genauso wie der der Fallschirmspringer, die während der Vorstellung punktgenau in der Arena landeten.

Ja ja, schon gut, Sie haben ja recht, einer musste den Notausgang nehmen und landete ausserhalb der Arena vor der Kaserne. Aber es gab nie einen Grund zur Sorge, es war für diesen Fall ja vorgesorgt. In der Regie sassen dafür extra zwei Polizisten, die die Sprünge genau im Auge hatten und in diesem speziellen Fall über Funk die nötigen Anweisungen geben konnten.

Wie? Als Sie die Show gesehen haben, waren da keine Falschschirmspringer? Das tut mir leid, dass Sie ausgerechnet eine dieser Vorstellungen erwischt haben. Ja, es ist richtig, dass die Springer nicht immer springen konnten.

Bei den Vorstellungen, die aufgezeichnet wurden, war eine Kamera an einem Laufwagen befestigt, der auf einem Drahtseil lief, das quer über die Arena gespannt war. Hier war es bei diesen Shows für einen Fallschirmspringer nicht möglich, in der Arena zu landen, somit musste auf die Sprünge verzichtet werden.

Was ist die Cast-Bar?

Die Cast-Bar, was soll das sein? Davon habe ich noch nie etwas gehört.

Na gut, Scherz bei Seite, natürlich kenne ich die Cast-Bar, deren wahrer Name „The Last Drop" lautet. Das ist der Ort, wohin die Bandmitglieder und Helfer nach getaner Arbeit gehen können, um den Abend ausklingen zu lassen. Sie befindet sich innerhalb des Basel Tattoo-Geländes, bleibt also für Besucher unerreicht.

Natürlich könnte ich nun loslegen und Seite um Seite füllen mit all den Geschichten, die der Cast-Bar entspringen, aber was in und vor der Cast-Bar passiert, bleibt auch in und vor der Cast-Bar.

Jetzt sind Sie enttäuscht, Sie hatten gehofft, nun endlich mal etwas darüber zu erfahren. Na gut, vielleicht sollte ich doch ein wenig erzählen.

Auch hier sind Helfer im Einsatz, das Cast-Bar-Team hat jeden Abend alle Hände voll zu tun, um den Wünschen der Gäste nachzukommen. Da wird Bier ausgeschenkt und die verschiedensten Longdrinks gemixt. Da es sich bei diesen Helfern genauso um Freiwillige handelt, wie auch sonst wo am Basel Tattoo, stehen hier auch keine Profis hinter der Bar.

Da kann dann schon mal ein Mixgetränk nicht der Norm entsprechen. Das ist, so finde ich, auch nicht schlimm. Wenn es dann aber Helfer-Kollegen gibt, die sich über zu wenig hiervon oder davon in ihrem Getränk beschweren, finde ich das nicht angebracht.

Auch Diskussionen darüber, wie angeblich ein gewisses Getränk herzustellen sei, sind hier fehl am Platz. Wer Profi-Mixgetränke haben möchte, kann ja in eine Bar in Basel gehen, dort sind die Preise jedoch ganz andere als in der Cast-Bar, aber man erhält sein Mixgetränk von einem Profi zubereitet.

Aber zurück zur Cast-Bar. Sie ist wie eine gewöhnliche Bar, die liebevoll eingerichtet und dekoriert wird, damit sich der Gast hier auch wohlfühlt. Die Kaffeesäcke, Fässer, Transportkisten, Anker und Fahnen, die für die Dekoration eingesetzt werden, erinnern mich an einen Lagerschuppen im Hamburger Hafen.

Hier können wir noch nach Feierabend gemütlich etwas trinken, allerdings bei meist sehr guter Livemusik. Denn hier lernen wir die Bands bzw. Teile davon, die immer noch nicht genug Musik gemacht haben, mal von einer ganz anderen Seite kennen. Häufig wird hier mächtig gerockt und getanzt. Das Internet ist eine wahre Fundgrube für Aufnahmen dieser Auftritte.

Hier ist der Ort, wo sich Helfer und Bandmitglieder kennenlernen und unterhalten können, was nicht immer ganz einfach ist, wenn man bedenkt, dass viele Bands aus allen Teilen der Welt stammen.

Es kommt auch vor, dass Erik zum zeitlich begrenzten Freibier einlädt. Wenn dann englische Bandmitglieder in der

Bar sind, kann man Folgendes beobachten: Sie gehen an den Tresen und holen sich einen Becher Bier nach dem anderen und stellen diese auf die Tische – draussen vor der Bar dienen grosse Fässer als solche –, die sie belagert haben, ab. Es werden so viele Becher geholt, bis kein einziger Fleck Tisch mehr zu sehen ist. Erst dann beginnen Sie damit, das Bier zu trinken.

Grosszügig laden sie jeden zu ihrer Bierrunde ein. Für mich ist das allerdings nichts, ich, die ich ja aus Hamburg komme, wo ein gut gezapftes Bier sieben Minuten benötigt, mag einfach kein abgestandenes Bier.

Ich denke, dass ich keine grossen Geheimnisse preisgebe, wenn ich erkläre, dass ich mich doch immer wieder wundere, dass die Mitglieder der Bands am Tag nach einem Cast-Bar-Besuch immer noch in geraden Linien laufen können.

Ich habe es auch schon geschafft, in der Cast-Bar ein paar Schuhe durchzutanzen. Die Stimmung ist wirklich gut dort.

So viel zur Cast-Bar, der Rest bleibt Ihrer Fantasie überlassen, die ich gerne noch anheize, indem ich berichte, dass es in der Cast-Bar ein T-Shirt zu kaufen gab mit der Aufschrift:

„I survived the last drop".

Doch eine Begebenheit kann ich noch erzählen, um aufzuzeigen, wie beliebt die Cast-Bar ist. Vielleicht erinnern Sie sich, in einem Jahr hatten wir auch einmal Mitglieder der Basler Fasnacht als Teilnehmer der Show dabei. Diese bekamen Badges ohne Bild. Da nicht immer dieselben

Fasnächtler bei jeder Show auftraten, sollten sie den Badge jeweils an die weitergeben, die an der Show teilnehmen sollten.

Es waren also nicht immer dieselben bei der Show dabei, allerdings in die Cast-Bar wollten gerne alle. Erfinderisch wie sie waren, ging also eine Gruppe in die Cast-Bar, einer sammelte die Badges dann von allen ein, um sie an die draussen Wartenden zu verteilen, damit auch diese auf das Basel Tattoo-Gelände gelangen konnten. Sie können sich vorstellen, dass die Cast-Bar also immer voller und voller wurde. Natürlich flog der Schwindel dann irgendwann auf.

Wer hat die lustigsten Fotos vom Basel Tattoo?

Lustige Fotos? Wie kommen Sie darauf, dass es am Basel Tattoo etwas Lustiges gibt? Sie kennen die Shows doch, das ist immer reine Disziplin. Na gut, auch diese Frage ist berechtigt. Es gibt wirklich lustige Fotos, allerdings nicht von den Shows, sondern von uns Helfern, den Musikern und Tänzern.

Ein Basel Tattoo-Helfer, der im Team der Cast-Bar tätig ist, hatte schon von Anbeginn an eine schöne Idee. Er stellte jedes Jahr in der Cast-Bar einen Fotoapparat zur Verfügung, mit dem sich die Besucher der Cast-Bar fotografieren können. Im ersten Jahr war es noch eine Polaroid-Kamera, also standen die gemachten Bilder sofort zur Verfügung und wurden an eine Pinnwand geheftet.

Im Laufe der Zeit kamen dann viele lustige Bilder zustande und die Pinnwand wurde randvoll. In den nächsten Jahren gab es dann eine Digitalkamera und einen Drucker, sodass auch jetzt die Bilder sofort gedruckt und an eine neue Pinnwand geheftet werden konnten. Mittlerweile kann jeder Cast-Bar-Besucher seinen eigenen Fotoapparat nutzen, das Bild per Mail an die Cast-Bar schicken, dann wird es ausgedruckt und auf der Pinnwand verewigt.

Somit ist in der Cast-Bar eine Galerie entstanden, die für jedes Jahr eine Pinnwand mit bemerkenswerten Bildern bereithält. Das Betrachten dieser Galerie macht vor allen den Leuten Spass, die immer wieder am Basel Tattoo teilnehmen, da die Pinnwände zu einer Reise in die Vergangenheit einladen.

Aber das sind nicht die einzigen lustigen Bilder. Zwei Helfe-rinnen aus der Cast-Bar, es scheint mir, das Cast-Bar-Team ist sehr kreativ, haben es sich zur Aufgabe gemacht, sich mit den verschiedensten Kopfbedeckungen der teilnehmenden Musiker zu fotografieren.

Natürlich haben die zwei es nicht besonders einfach, da die Musiker nur selten bereit sind, ihre Mützen, Hüte und der-gleichen einfach so auszuleihen, handelt es sich doch um Uniformteile. Da die beiden Damen hinter der Bar arbeiten, haben sie allerdings die Möglichkeit, hartnäckig zu bleiben. So hat schon manch ein Caipirinha dafür gesorgt, dass dann doch die Kopfbedeckungen zweier Musiker kurzzeitig den Besitzer gewechselt haben und für ein Foto-Shooting herhal-ten konnten.

Nicht selten gab es als Zugabe dann noch die Uniformjacke, sodass die beiden Helferinnen nun in den verschiedensten Outfits auf ihren Fotos zu sehen sind. Das gäbe sicher eine schöne Fotoausstellung.

Was ist bei der Schirmherrschaft falsch gelaufen?

Wie Sie ja sicher wissen, steht das Basel Tattoo schon von An-
beginn an unter der Schirmherrschaft des Eidgenössischen
Departements für Verteidigung, Bevölkerungsschutz und
Sport (VBS).

So ist es auch auf der riesigen Leinwand vermerkt, die über
einem der Eingänge hängt. Oder zumindest sollte es so sein.
Auf dieser Leinwand wird das Publikum begrüsst und alle
Sponsoren sind mit ihrem Logo vertreten.

Die besagte Leinwand war bereits montiert, als ich von einem Helfer darauf aufmerksam gemacht wurde, dass dort
statt Schirmherrschaft „Schirmheerschaft" stand.

Oh je, das war unangenehm, da hatte sich wohl jemand zu
sehr davon beeinflussen lassen, dass das Basel Tattoo einen
militärischen Ursprung hat. Gut, dass der Fehler in der Aufbauphase festgestellt wurde. Ich hatte nicht wirklich damit
gerechnet, dass der Fehler behoben werden würde, aber
schon am nächsten Tag war die Leinwand neu gedruckt und
ausgetauscht worden.

Gab es schon falsche Werbung für das Basel Tattoo?

Ob es schon mal falsche Werbung gab? Nicht dass ich wüsste, jedenfalls nicht für das Basel Tattoo, aber für die Parade schon.

Eines Morgens, in der Basel Tattoo-Woche, war ich zu Hause, und es war noch sehr früh am Tag. Um diese Zeit habe ich immer das Radio an, das einen lokalen Sender empfängt. Eigentlich war ich mit meinen Gedanken ganz woanders, als ich mich fragte, was ich da gerade im Radio gehört hatte. Lief da tatsächlich die Werbung für die Basel Tattoo-Parade, mir klang es noch in den Ohren: „… heute um 14 Uhr …" Hä, dachte ich, habe ich da etwas verpasst, die Parade ist doch erst am Samstag.

Ich war mir plötzlich wirklich nicht mehr sicher. Ging es eventuell um die Parade in Freiburg?

Nein, das kann auch nicht sein, die war ja schon. Das gibt sicher ein grosses Theater, wenn sich Basel füllt, ohne dass die Parade stattfindet. Was sollte ich tun? Erst dachte ich, das wird schon jemand Wichtiges vom Basel Tattoo gehört haben und sich darum kümmern.

Aber dabei hatte ich auch kein gutes Gefühl. Sollte ich Erik anrufen, damit er das klarstellen konnte? Aber der lag sicher noch im Bett, für ihn sind die Nächte während des Basel Tattoos ja immer besonders lang, bei all den gesellschaftlichen

Verpflichtungen.

Eigentlich ging es mich ja auch gar nichts an, aber ich konnte es nicht einfach auf sich beruhen lassen und rief also beim Sender an, um das korrigieren zu lassen. Nach dem Anruf ging es mir dann wieder besser. Zum Glück hatten sie die Werbung so früh am Morgen gebracht, dass es kaum jemand mitbekommen hatte.

Als ich dann am Samstagmorgen die Werbung wieder hörte, musste ich natürlich schmunzeln: jetzt stimmte wieder alles.

Wie kommen die Nummern auf die Sitzplätze der Arena?

Sie wollen wissen, wie die Nummern auf die Sitzplätze kommen? Auch da sind die Helfer im Einsatz, diese Gruppe kann dann von sich behaupten, dass sie stundenlang Nummern machen. Na ja, nicht ganz, stundenlang Nummern kleben wäre richtiger. Ja, Sie haben richtig gelesen, die Nummer, die Sie auf Ihrem Ticket stehen haben, muss ja auch auf einem der Sitze wiederzufinden sein und da werden sie von uns hingeklebt.

Da es selbstverständlich nicht möglich ist, rund 7900 Sitze so zu montieren, dass sie dem Sitzplan der Arena entsprechen, werden die Nummern im Anschluss an die Montage also von uns angebracht. Das Kleben der Sitzplatznummern ist beinahe eine Wissenschaft für sich, dabei ist äusserste Disziplin von uns Helfern gefordert.

Jeder von uns erhält einen Bogen mit ausgedruckten Nummern und bringt diese genau in der Sitzreihe an, in die diese Nummern gehören. Mit dem Kleben beginnen wir genau an dem Platz, der uns von dem Hauptverantwortlichen gezeigt wird. Ist der Bogen leer, gibt es den nächsten, und die Prozedur beginnt von vorne.

Das hört sich alles sehr komisch an, macht aber durchaus seinen Sinn, nur so ist gewährleistet, dass die Nummerierung der Arenaplätze haargenau mit dem Arenaplan übereinstimmt. Sie können es sich sicher denken, genau dabei kommt es dann doch vor, dass sich ein Helfer „verklebt" hat und erst am Ende des Bogens feststellt, dass er etwas falsch gemacht hat.

Dann werden nicht etwa die geklebten Nummern wieder vorsichtig vom Sitz entfernt, nein, denn die sollen ja noch über eine Woche dort bleiben, wo sie jetzt sind. Sondern Sie können dann sehen, wie die Helfer einzelne Sitze oder ganze Vierergruppen, zu denen sie montiert sind, umsetzen. Logisch, dass es demjenigen, der sich vertan hat, äusserst peinlich ist, erst recht dann, wenn die Sonne brennt und jeder eigentlich so schnell wie möglich wieder in den Schatten möchte.

In den Sky-Boxen werden die Stuhlnummern übrigens jedes Jahr von ein und demselben Helfer aufgeklebt, damit auch hier später alles stimmt.

Wie kam das Zelt an die Turnhallenwand?

Die Tattoo Street entsteht schon eine Woche vor dem Basel Tattoo und wird von den Helfern errichtet. Damit für das leibliche Wohl der Gäste und Helfer gesorgt ist, werden viele Zelte aufgebaut, in denen dann während des Basel Tattoos von den einzelnen Cliquen und Vereinen, die diese Zelte gemietet haben, verschiedene kulinarische Gerichte angeboten werden.

Schon häufig ist es in der Aufbauphase vorgekommen, dass sich einige dieser Zelte selbständig gemacht haben. Obwohl ein solches Zelt ein stolzes Gewicht aufweist, ist es schon passiert, dass ein starker Wind es geschafft hat, Zelte umzuwerfen oder weit davonzutragen.

Das ist immer dann möglich, wenn die schweren Wassersäcke, die an allen vier Ecken eines jeden Zeltes angebracht werden, um es möglichst mit dem Boden zu verankern, noch nicht verteilt und befestigt wurden.

So kam es also, dass während des Aufbaus ein heftiger Wind aufkam. Für die Helfer das Signal, sich an den Zelten zu verteilen, um diese festzuhalten. Wie Sie selbst wissen, sind nicht gerade wenige Zelte in der Tattoo Street aufgebaut, also ist es nicht verwunderlich, dass nicht an jedem Zelt Helfer stehen konnten, um es festzuhalten.

Es kam, wie es kommen musste, dass der Wind eines der Zelte davontrug. Es wurde vom Wind in die Höhe gehoben,

umgedreht und mit dem Dach hoch oben an die Wand der
Turnhalle gedrückt. Dort hing es für eine gewisse Zeit an
einem der Fenster fest, bis der Wind endlich nachliess und
die Schwerkraft das Zelt wieder zu Boden fallen liess. Zum
Glück hatte es keinen Schaden genommen.

Anders ist es da schon mal für ein Zelt von einer der Cliquen
ausgegangen. Die Clique bringt jedes Jahr zusätzlich ihre eigenen Zelte mit, damit die Gäste ein Dach über den Kopf
haben, wenn sie sich an die aufgestellten Tische setzen.

Diese Zelte sind bei weitem nicht so stabil wie die der Profis. Auch ein solches Zelt wurde kurz nach dem Aufbau vom
Wind erfasst, weit in die Luft gehoben und durch die Strasse
geschleudert. Das leichte Alugestänge hielt dem Druck nicht
lange stand. Die Verbindungen lösten sich und die Holme
wurden wie weich gewordene Schokoriegel verbogen. Als das
Zelt endlich an einer Strassenecke, an einem Haus zur Ruhe
kam, war es nur noch ein Häufchen Elend aus Aluminium
und zerrissenem Stoff.

Zum Glück hatte es keinen Schaden angerichtet. Die Clique
liess sich dadurch nicht entmutigen: schnell war für Ersatz
gesorgt.

Warum gab es in der Lounge zu wenig Champagnergläser?

Wo gearbeitet wird, da fallen auch Späne. Dieses Sprichwort gilt durchaus auch für das Basel Tattoo. Da passieren dann auch schon mal Dinge, die besser nicht passiert wären.

Leider kann ich auch hier aus eigener Erfahrung erzählen. Ich hatte morgens einen Einsatz im Betriebsteam und sollte aus den beiden Tattoo-Lounges die gebrauchten Champagnergläser holen, damit diese zum Abwaschen transportiert werden konnten. Also ging ich los, um einen der Transportwagen zu holen, in denen die Gläser schon bereits in den Körben verstaut waren.

Es handelt sich bei diesen Wagen um die, die Sie auch aus den Läden her kennen, mit denen die Waren zu den Regalen transportiert werden, damit diese dann eingeräumt werden können. In diesem Wagen waren also ca. acht Körbe mit Gläsern gestapelt. Bevor ich den Wagen hervorzog, spannte ich noch rasch das dafür vorgesehene Gummiband zwischen die beiden Seitenwände, damit der Wagen nicht ganz so instabil war.

Ich schob also den Wagen vor mich her und wollte gerade die grosse Tür zur Reithalle passieren, als die Räder des Wagens an der Türschwelle hängen blieben. Ich konnte sofort feststellen, dass Einstein sehr wohl recht damit hatte, wenn er behauptete, dass das, was einmal in Bewegung sei, auch in Bewegung bleibe. Die Gläserkörbe machten nämlich leider nicht wie der Wagen halt, sondern einen grossen Satz nach vorne und verteilten sich mit starkem Getöse auf einer grossen Fläche des Fussbodens der Reithalle.

Dummerweise war auf der von mir abgewandten Wagenseite das Gummi nicht geschlossen gewesen, sodass nichts die Körbe aufhalten konnte. Im gleichen Moment betrat der Herr, der für die Lounges für einen Sponsor tätig war, die Reithalle durch eine andere Tür und schlug die Hände über dem Kopf zusammen.

Ich hatte mich noch nicht recht von dem Schreck erholt und betrachtete nun das Chaos, das ich angerichtet hatte, wobei mir der süsse Champagnergeruch der zerbrochenen Gläser in die Nase stieg, was ich so früh am Morgen nicht wirklich mochte. Ich machte mich also auf ein Donnerwetter gefasst, das aber zum Glück ausblieb.

Der Herr meinte nur, dass das alles nicht so schlimm sei, allerdings würden ihm diese Gläser wohl am Abend fehlen. Er half mir sogar dabei, die Spuren des Unglückes zu beseitigen. Allerdings bestand er anschliessend darauf, die anderen Wagen mit den Gläsern lieber selbst zum Transport zu bringen; ich durfte gehen.

Mir war das natürlich sehr unangenehm. Klar, dass das die Runde machte, weil ja dem Lounge-Team eine Begründung dafür gegeben werden musste, warum die Anzahl der Gläser so geschrumpft war. Am nächsten Morgen erzählte mir eine Helferin aus diesem Team, dass doch tatsächlich ein Helfer einen ganzen Wagen mit Gläsern zerdeppert hatte. Nun ja, ich gestand ihr, dass ich dieser Helfer gewesen sei, war aber dankbar dafür, dass der Herr zumindest so diskret gewesen war, meinen Namen nicht zu nennen.

Wie ich ja bereits sagte: Wo gehobelt wird, da fallen Späne. Sicher ist dem einen oder anderen Helfer schon mal Ähnliches passiert, aber das gehört nun einmal zu so einer grossen Sache auch dazu. Solange diese Dinge aus Versehen passieren, wird es kaum jemanden geben, der sich wirklich darüber aufregt. Gut, wenn sich dann alles doch noch reparieren lässt – wenn es sich nicht gerade um zerbrochene Champagnergläser handelt.

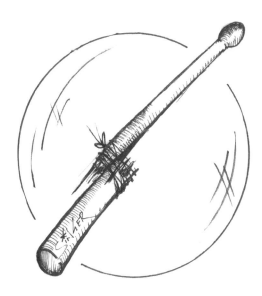

Findet das Basel Tattoo bei Regen statt?

„Ja, das Tattoo findet heute statt … Nein, Sie können keinen Schirm mit in die Arena nehmen, die Besucher hinter Ihnen möchten ja auch etwas von der Show sehen … Selbstverständlich erhalten Sie eine Regenpelerine von uns, falls es heute Abend noch regnet … Ich wünsche Ihnen eine gute Anreise." Der Helfer knallt den Hörer auf die Gabel, er ist genervt, wie oft hat er diese Auskünfte heute schon gegeben? Gefühlte 1000 Mal, und das, obwohl es gerade mal 8:30 Uhr ist.

Es ist immer wieder das Gleiche. Sobald ein Tag mit Regen beginnt, laufen die Telefone im Büro auf dem Basel Tattoo-Gelände, dem Help-Desk, heiss. Jeder stolze Besitzer einer Basel Tattoo-Eintrittskarte hat entweder Angst, dass die Vorstellung im wahrsten Sinne des Wortes ins Wasser fällt, oder befürchtet, dass sie, was noch schlimmer wäre, nicht stattfindet.

Ich kann Sie beruhigen. Das Basel Tattoo ist eine Open-Air-Veranstaltung und findet bei jedem Wetter statt. Eigentlich sind die Anrufer noch die bessere Wahl. Schlimmer sind die Gäste, die mit grossen Schirmen bei der Vorstellung erscheinen und dann doch tatsächlich der Meinung sind, sie könnten diese im Falle von Regen benutzen. Da ist wohl ein gesunder Egoismus am Werk.

Ich, die ich in Hamburg geboren und aufgewachsen bin, kann dazu nur sagen: „Es gibt kein schlechtes Wetter, es gibt nur die falsche Kleidung!"

Wenn Sie zum Basel Tattoo gehen, dann halten Sie es so, als würden Sie zum Wandern gehen, da haben Sie doch auch zur Not eine Regenjacke dabei. Sie wandern sicher nicht mit einem Schirm. Und für die ganz Ängstlichen: Das Wetter wird vom Basel Tattoo-Team immer beobachtet, das ist auch für die Vorstellungen wichtig.

Und sollte sich ein Unwetter, wie besonders starker Wind oder Blitz und Donner androhen, so werden sicher sofort geeignete Massnahmen ergriffen, um die Zuschauer zu schützen, nötigenfalls auch in Form einer Evakuierung der Arena – zum Glück war dies bisher noch nicht ein einziges Mal notwendig gewesen.

Bisher hat es immer einen Sponsor gegeben, der die Regenpelerinen, die wir Ihnen im Falle von Regen aushändigen, ermöglicht. Ich hoffe, dass das auch weiterhin der Fall sein wird. Mit einer solchen Pelerine lässt sich die Show genauso geniessen wie bei schönem Wetter. Vorausgesetzt, Sie ziehen die Pelerine auch über den Sitz, ansonsten gehen Sie, zumindest was Ihr Hinterteil angeht, baden.

Im Übrigen sorgen wir auch für die Entsorgung der Pelerinen, wenn Sie diese nach der Vorstellung in die dafür vorgesehenen Mülltonnen werfen. Pelerinen in Basels Strassen und Vorgärten findet niemand wirklich schön.

Der Cast, also die Teilnehmer des Basel Tattoos, haben übrigens nur in den seltensten Fällen Pelerinen über ihren Uniformen, was wir als Helfer an den Folgetagen in der Nase zu spüren bekommen, obwohl inzwischen Trockenräume eingerichtet wurden. Nasser Stoff kann schon ganz schön müffeln.

Besonders schlimm hatte es da einmal eine Band getroffen, deren Uniformjacken ein rotweisses Karomuster aufwiesen. Leider mussten sie ihre Uniformen für den Heimtransport feucht einpacken. Die Überraschung erfolgte dann beim Auspacken der Uniformen, diese waren nun dadurch, dass sie im feuchten Zustand mehrere Tage fest zusammengefaltet waren, rosa verfärbt. Natürlich keine angemessene Farbe für die königliche Armee. Die Uniformen mussten ersetzt werden.

Haben Sie eigentlich schon mal bemerkt, dass Sie immer einen trockenen Sitz vorfinden, auch wenn es vor einer Show geregnet hat? Nein, darüber haben Sie sich keine Gedanken gemacht? Aber nun, wo Sie es lesen, fällt es Ihnen auf. Ja, genauso ist es. Jeder Sitz, so rund 7900 Stück, wird von uns mit einem Tuch getrocknet, damit Sie die Show geniessen können, auch wenn Sie, ohne den Zustand des Sitzes zu beachten, Platz genommen haben.

Na, seien Sie ehrlich, wie oft hätten Sie die Show schon mit nassem Hintern betrachten müssen?

Warum hofft immer einer auf Regen?

Tja, das ist natürlich eine Frage, die eigentlich keinen Sinn macht. Wer sollte denn schon bei einer Open-Air-Veranstaltung auf Regen hoffen?

Aber ich will es Ihnen verraten, es gibt wirklich jemanden, der sich Regen für einige Vorstellungen wünscht. Für einige, nicht alle? Ja, genauso ist es, für genau zwei Tage.

Es sind die Vorstellungen, bei denen das Aufnahmeteam da ist, um die Show für die DVD und das Fernsehen aufzunehmen. „Das gibt tolle Lichteffekte, wenn der Boden der Arena nass ist", erklärt mir derjenige, auch wenn er selbst dann mit seiner Kamera im Regen stehen muss.

Nun denn, dann darf es auch mal regnen, wenn es gut für die Ästhetik ist. Wie gut, dass nicht alle Vorstellungen aufgenommen werden. Pech auch, wenn es nicht bei allen Aufnahmen regnet. Achten Sie einmal genau darauf, wenn Sie sich die Fernsehaufzeichnungen ansehen. Ob es an beiden Vorstellungen, bei denen aufgezeichnet wurde, geregnet hat, lässt sich nicht nur an dem mal glänzenden, mal matten Boden erkennen. Auch die durch die Regenpelerinen weiss gefärbte oder bunte Zuschauerkulisse gibt darüber Auskunft.

Somit lernen wir, dass Regen nicht immer nur einen Nachteil für eine solche Veranstaltung darstellen muss.

Ich durfte einmal einen ganz besonderen Regeneffekt erleben. Ich hatte einen sehr guten Ausblick auf die Arena, da ich in einer der Sky-Boxen war. Zugegeben, dort sass ich im Trockenen, der Regen konnte mir nichts anhaben. Aber es hatte noch gar nicht geregnet. Die Show hatte begonnen und war soeben eröffnet worden. Die Musiker formten einen die ganze Arena ausfüllenden Violinschlüssel.

Ein wunderschönes Bild, tausendfach mit der Kamera gebrannt. Während die Musiker also in dieser Formation dastanden, begann es leicht zu regnen. Nun, als die Musiker die Formation verliessen, war der Violinschlüssel immer noch auf den Boden der Arena, durch trockene Flecken, gezeichnet – auch das war ein schönes Bild und sicher nicht beabsichtigt.

Auch meine Ohren hatten einen besonderen Genuss – nein, nicht nur wegen der guten Darbietung der Musiker. Haben Sie schon einmal bewusst wahrgenommen, wie es sich anhört, wenn rund 7900 Pelerinen ausgepackt und angezogen werden? Ein Geräusch, das man sicher nur selten zu hören bekommt, aber sehr effektvoll ist.

Was ist, wenn die Sonne brennt?

Das wünscht sich doch jeder Besucher des Basel Tattoos, dass sich das Wetter von seiner schönsten Seite zeigt. Aber es kann auch mal zu viel des Guten sein.

Wenn wir die Tattoo Street und die Arena aufbauen, dann sind wir eigentlich immer dankbar, wenn es nicht zu heiss ist. Das Gleiche gilt für die Musiker, die ja in ihren – meist dicken – Uniformen schnell ins Schwitzen geraten. Dennoch freuen wir uns, wenn es während des Basel Tattoos sommerlich warm ist.

Haben Sie schon eine der Shows in der glühenden Sommerhitze erlebt? Ja, auch das kam schon vor. Es war so schlimm, dass uns die Besucher reihenweise zusammenbrachen und in das provisorische Lazarett unter und neben der Arena gebracht werden mussten. Hier wurden sie dann von unserem Ärzte-, Sanitäts- und Samariterteam betreut und wieder aufgepäppelt. Es war allerdings so einmalig, dass offenbar sogar einige unserer Helfer das so interessant fanden und sich als Schaulustige bei den eh schon geplagten Wärmeopfern einfanden, ohne darüber nachzudenken, dass gerade sie ihre Neugierde zügeln sollten.

Aber wie können Sie als Besucher an einem solchen Tag dem vorbeugen? Ganz einfach, halten Sie sich an die allgemein üblichen Regeln, die bei grosser Hitze einzuhalten sind und die eigentlich auch jeder kennt. Ich sage, die eigentlich jeder kennt, da wir es immer wieder erleben, dass es Gäste gibt, die ohne Kopfbedeckung und ausreichenden Sonnenschutz und/ oder im alkoholisierten Zustand in die Arena kommen, ohne auch nur daran zu denken, dass sie zwei Stunden der Sonne ausgesetzt sein werden.

Auch genügend Wasser zu trinken scheint häufig vergessen zu werden. Natürlich sind Kinder auch von der heissen Sonne betroffen, doch für diese sind die Eltern verantwortlich. Ich habe es doch tatsächlich schon erlebt, dass ich angepöbelt wurde, da ich einen Besucher darauf hingewiesen hatte, dass eine Kopfbedeckung für seine kleine Tochter angebracht wäre. Ich hatte es nur gut gemeint und wollte nicht belehrend wirken.

Das will ich übrigens nie. Es ist ja auch nicht schlimm, wenn man einmal nicht an alles denkt, es tut aber auch nicht weh, wenn man einen gut gemeinten Rat annimmt. Dieser eine war wohl auch eine Ausnahme. Häufig sind die Besucher dankbar dafür, wenn wir sie an eine Kopfbedeckung erinnern.

Es war einer von diesen warmen Tagen noch während der Probenwoche, als ich Dienst im Badge-Container hatte. Zwei norddeutsche Herren kamen zu mir, um sich nach der Art des Festivals zu erkundigen, das hier stattfand. Nachdem ich es ihnen erklärt hatte und sie sehr enttäuscht waren, dass es keine Karten mehr gab, fiel mir ein, dass ja gerade Proben in der Arena stattfanden.

Ich sagte ihnen, dass sie ruhig kurz einen Blick in die Arena werfen dürften, um sich das einmal anzusehen. Dankend nahmen sie meinen Vorschlag an. Ich hatte schon nicht mehr an die beiden gedacht, als sie mindestens einen Probedurchgang später mit hochroten Köpfen wieder bei mir am Container auftauchten. Ihre Begeisterung über das Gesehene und Gehörte war so gross, dass ihnen der eingefangene Sonnenbrand völlig egal war. Ich freute mich, dass ich ihnen eine Freude machen konnte.

Die beiden Herren sind übrigens in den kommenden Jahren immer wieder Besucher gewesen, aber nun mit Sonnenschutz und rechtzeitig besorgten Eintrittskarten.

Wo proben die Formationen, wenn die Arena noch nicht fertig ist?

Die Formationen reisen ja schon einige Tage vor dem Basel Tattoo an. In dieser Zeit müssen sie natürlich auch proben. Das gilt besonders für die Gruppen, die für gewöhnlich nicht immer zusammen spielen oder tanzen.

Aber auch die anderen Gruppen müssen ihre Choreographie den Gegebenheiten der Arena anpassen. Wäre ja dumm, wenn da beim Marschieren oder Tanzen plötzlich der Platz ausgeht.

Da die Arena aber noch nicht fertig ist, dort also nicht geprobt werden kann, haben die Formationen in einer der Messehallen, auf deren Boden die inneren Umrisse der Arena abgebildet sind, die Möglichkeit zu proben. Sobald die Arena fertig ist, wird dort geprobt, es sei denn, dass es regnet, dann geht es wieder in die Messehalle.

Während der Basel Tattoo-Woche spielen sich die Musiker vor der Kaserne am Rhein ein und stimmen ihre Instrumente. Haben Sie schon einmal beobachtet, wie die Pfeifen eines Dudelsackes gestimmt werden? Nein, dann lohnt es sich sicher für Sie, den Musikern am Rhein dabei zuzusehen. Machen Sie sich aber auf einiges gefasst, die Töne sind nicht alle ein Genuss für Ihre Ohren.

Ich habe auch schon gesehen, dass Tänzer sich auf der Wiese vor dem Basel Tattoo-Gelände eingetanzt haben.

Warum hat sich ein Musiker mächtig erschrocken, als er nach Basel kam?

Ist doch klar, ich habe ihn vom Flugplatz abgeholt. Nein, so war es natürlich nicht, ich hatte damit gar nichts zu tun.

Wie Sie ja selbst schon bemerkt haben, ist Basel vor und während des Basel Tattoos mit Hinweisen auf die Veranstaltung übersät. Es gibt kaum einen Ort, wo nicht ein Plakat, ein Hinweis auf das Basel Tattoo zu finden ist.

Auch ist Ihnen sicher nicht entgangen, dass die Werbung jedes Jahr eine andere ist. Die Farben ändern sich und auch die Musiker, die auf den Plakaten zu sehen sind, sind immer wieder andere Personen.

Da ja einige der Musiker jedes Jahr wieder am Basel Tattoo auftreten, ist es nun passiert, dass einer der Musiker nichtsahnend in Basel ankam und sein Blick auch sogleich auf das erste Basel Tattoo-Plakat fiel: erst nur flüchtig, dann aber doch sehr erschrocken, war er doch selbst in Überlebensgrösse auf dem Plakat abgebildet.

Damit hatte er nicht gerechnet.

Er erzählte mir, dass es schon ein sehr komisches Gefühl gewesen sei, sich selbst nun an jeder Strassenecke zu sehen. Er war aber auch dankbar, dass man ihn in Zivil nicht als eben diesen einen Musiker erkannte.

Nach dem ersten Schock war er allerdings auch sehr stolz

darauf, dass ausgerechnet er auf dem Plakat abgebildet war. Natürlich hat er vom Basel Tattoo auch ein paar Exemplare davon für sich selbst erhalten.

Ist schon ein Besucher während der Show gegangen?

Ich kann mir keinen Grund vorstellen, warum man während der Show des Basel Tattoos wieder gehen sollte. Mal kurz auf die Toilette, ja, wenn es denn unbedingt sein muss, aber sonst fällt mir kein Grund ein. So schlecht kann eine Show gar nicht sein.

Aber dennoch weiss ich, dass ein Besucher schon kurz nach Show-Beginn die Arena wieder verlassen hat.

Ich hielt mich in der Tattoo Street auf und hatte für diesen Tag keinen Einsatz mehr. Die Show hatte gerade begonnen. Es kam ein Basel Tattoo-Angestellter zu mir und drückte mir zwei Tickets in die Hand, mit der Bitte, dass ich die verschenken solle, wenn ich sie nicht selbst in Anspruch nehmen möchte.

Jetzt wollte ich die Gelegenheit nutzen und mir die Show ein weiteres Mal ansehen, so gut hatte sie mir gefallen. „Ich habe noch ein Ticket zu verschenken. Hat jemand Lust? Es ist allerdings für die jetzige Vorstellung und wir müssen sofort auf unsere Plätze." Ich hielt das andere Ticket hoch und drehte mich in der Menschenmenge. „Ja, hier, ich komme gerne mit", antwortete mir ein Herr, der auch schon Richtung Eingang marschierte. „Prima, kommen Sie, hier geht es lang", erwiderte ich und wir beeilten uns, auf unsere Plätze zu kommen, um nicht noch mehr von der Show zu verpassen.

Die Show gefiel mir auch beim zweiten Mal riesig. Es war ungefähr die dritte Formation in der Arena zu sehen, als mein Nachbar plötzlich zu mir sagte: „Ich geh wohl besser mal wieder, ich sollte meiner Frau Bescheid sagen, wo ich bin, sie ist noch in der Tattoo Street." Ich war erstaunt, da hatte der Herr doch vor lauter Freude auf ein Gratisticket ganz vergessen, dass seine Frau auch noch da war. „Ja, gehen Sie nur, bis gleich", und mit diesen Worten verabschiedete ich ihn.

Es dauerte ungefähr den Durchgang einer Formation lang, bis der Platz neben mir wieder besetzt war, allerdings mit einem anderen Mann als vorher. „Haben Sie das Ticket geschenkt bekommen?", fragte ich ihn. „Ja, da kam einer raus und hat es mir gegeben, seine Frau war schon sauer", antwortete er. Ich musste lachen, genoss dann aber weiter die Show.

Dumm, wenn man seine Frau vergisst, ich hoffe, der Herr hat nicht zu viel Ärger bekommen, aber vielleicht kann sie ihm ja inzwischen verzeihen. Immerhin hat er das Ticket weitergegeben und nicht einfach verfallen lassen. Dann wäre ich nämlich sauer gewesen.

Werden Tickets zurückgegeben?

Tickets vom Basel Tattoo sind oft heiss begehrt und es ist nicht immer einfach, eines zu ergattern, wenn man noch eines haben möchte.

So kam eines Tages einer der Soldaten zu mir an den Badge-Container. Er hatte seine Freundin dabei, für die er gerne noch ein Ticket haben wollte. Ich fragte ihn, warum er das denn nicht seinem Vorgesetzten mitgeteilt hatte. Natürlich haben die Mitwirkenden die Möglichkeit, Tickets für ihre Angehörigen über ihren Vorgesetzten rechtzeitig beim Basel Tattoo zu beziehen.

„Wir kennen uns noch nicht so lange", erwiderte der Soldat, der seine Freundin verliebt ansah. Offenbar hatte ich ein frisch verliebtes Paar vor mir. „Die Tickets sind alle ausverkauft, ich kann da leider auch nichts machen, aber schreib mir mal deinen Namen, Bandnamen und deine Telefonnummer auf, vielleicht gibt ja jemand ein Ticket zurück. Was darf es denn kosten?", wollte ich wissen „Das ist egal, allerdings wäre es schon gut, wenn es nicht ganz so teuer wäre", gab er zu.

„Ihr werdet von mir hören, falls ich ein Ticket auftreiben kann", bestätigte ich ihm. Eigentlich taten sie mir leid, ich hätte gerne mehr für diese jungen Leute getan.

Man mag es kaum glauben, es ist dann doch tatsächlich passiert, dass eine Frau zu mir kam, es war kurz vor der Vorstel-

179

lung, die mir ein Ticket brachte. „Hier, ich habe noch ein Ticket, jetzt für diese Vorstellung, meinem Mann geht es nicht so gut, er ist wieder nach Hause gefahren. Vielleicht wissen Sie ja noch jemanden, der damit etwas anfangen kann." Sie legte mir das Ticket auf den Tisch. „Ja, in der Tat, die Freundin eines Soldaten sucht noch ein Ticket, die wird sich sicher darüber freuen, was soll es denn kosten?", fragte ich, erfreut darüber, dass es offenbar doch noch klappen würde.

„Nichts, ich möchte nur nicht, dass es verfällt", antwortete sie. „Prima, das ist aber nett von Ihnen. Sie werden die junge Frau sicher sehr glücklich damit machen." Darüber war die Dame sehr erfreut und beeilte sich, dass sie in die Arena kam, der Show-Beginn stand kurz bevor.

Ich versuchte den Soldaten anzurufen, um ihm die freudige Mitteilung zu machen, aber er nahm nicht ab.

Jetzt hatte ich ein Problem, ich hatte hier ein Ticket, das unbedingt zu dem Soldaten musste, allerdings konnte ich meinen Posten ja auch nicht so einfach verlassen. Ich bat einen anderen Helfer, kurz für mich einzuspringen, was dieser auch tat.

Ich drängelte mich also durch die in die Arena strömende Menschenmenge hindurch, um hinter die Arena zu gelangen, da ich ja in das Schulhaus musste, wo ich den Soldaten vermutete. Ich erklärte dem Aufpasser am Eingang des Schulhauses mein Anliegen und er liess mich passieren.

Ein ohrenbetäubender Lärm schlug mir entgegen. Jetzt war mir klar, warum der Soldat nicht an sein Handy gegangen

war. Überall wurden die verschiedensten Instrumente einge-
spielt, die Luft roch verbraucht und muffig. Ich versuchte einen der Musiker anzusprechen, um ihn zu fragen, ob er wis-
se, in welchem Klassenzimmer des Schulhauses die Band des
Soldaten, dem ich das Ticket bringen wollte, untergebracht
sei. Nach dem dritten Versuch gab ich es beinahe auf, weil er
mich nicht verstehen konnte, was nicht an der Sprache, sondern an dem Lärm lag. Es war so laut, dass man kaum seine
eigenen Gedanken hören konnte.

Wie sollte ich denn bloss den einen Soldaten in diesem Cha-
os finden, und das so kurz vor Show-Beginn? Ich schrieb den
Bandnamen in mein Handy und hielt es dem nächstbesten
Musiker unter die Nase. Der verstand sofort, nahm mir das
Handy weg und schrieb mir auf, wo er diese Band vermutete.
Ich musste noch eine Etage höher, der Lärm nahm einfach
nicht ab.

Endlich fand ich den Soldaten mit seiner Freundin. Diese
war so über das Gratistickert erfreut, dass sie mir um den
Hals fiel und sich lange bei mir bedankte. Es ist doch immer
wieder ein schönes Gefühl, wenn man jemanden eine Freude
bereiten kann.

Nun musste ich allerdings schleunigst hier weg, zum einen,
weil meine Ohren diesen Lärm nicht mehr aushielten, und
zum anderen, weil ich ja auch wieder auf meinen Posten
musste.

Gutgelaunt kämpfte ich mich also wieder zurück an meinen
Arbeitsplatz. Am nächsten Tag kam das Pärchen erneut zu

mir, um sich noch einmal für das Ticket zu bedanken, und die junge Frau schwärmte mir noch eine ganze Weile vor, wie gut ihr doch die Show gefallen habe. Auf der einen Seite freute ich mich für sie, auf der anderen Seite tat mir der Herr leid, dem die Show entgangen war, und ich hoffte, es würde ihm inzwischen wieder besser gehen.

Einmal hat auch eine Tochter das Ticket ihrer Mutter zu mir gebracht, die mir unter Tränen mitteilte, dass ihre Mutter inzwischen verstorben sei. Puh, es war ganz schön schwer in diesem Moment, die richtigen Worte zu finden. Da auch sie das Ticket verschenken wollte, fiel es mir dann doch etwas leichter, weil ich sie ja nicht zum Ticketshop schicken musste, sondern das Ticket dankend entgegennehmen konnte, um es später einer älteren Dame schenken zu können, die schon öfters erfolglos nach einem Ticket gefragt hatte.

Auch ihr hatte ich eine grosse Freude mit dem Ticket machen können, allerdings hat sie den Grund, warum das Ticket zurückgegeben wurde, nicht von mir erfahren.

Was passiert mit dem ganzen Müll?

Wie soll ich denn die Frage verstehen? Das Basel Tattoo produziert doch keinen Müll, sondern beste Unterhaltung.

Ach so, Sie meinen wirklich den Müll. Ja, da haben Sie sicher recht, grosse Veranstaltungen haben den Nachteil, dass bei diesen auch immer recht viel Müll anfällt, nicht anders ist es am Basel Tattoo.

In erster Linie wird natürlich versucht, Müll zu vermeiden, was aber nicht immer möglich ist. Auch wird der Müll nach Möglichkeit getrennt, das ist der Grund dafür, dass z.B. überall PET-Sammelcontainer stehen.

Am Anfang hatten wir eine grosse Müllpresse, in der morgens der Müll landete, der von den Betriebs- und Springer-Helferteams in der Arena, der Cast-Bar, den Lounges, dem gesamten Basel Tattoo-Gelände und der Tattoo Street eingesammelt wurde. Die Müllpresse war für die Anwohner sehr störend, da das Zusammenpressen von Müll wie auch das Abladen des Mülls in der Presse nicht ohne Lärm vonstattengeht.

Jetzt ist es inzwischen so, dass der Müll jeden Morgen von der Müllabfuhr abgeholt wird. Eine Müllpresse wird nun nicht mehr benötigt.

Allerdings ist es auch schon vorgekommen, dass an einem Tag niemand kam, um den Müll abzuholen, ausgerechnet ein

Sonntag. Es war der Sonntag nach der letzten Vorstellung. Ja, richtig, das Basel Tattoo war vorbei und niemand hat mehr daran gedacht, dass ja noch alles aufgeräumt werden muss. Also standen die Helfer nun da, mit ihren vollen Müllcontainern, und warteten vergebens auf die Müllabfuhr.

Als klar war, dass dort organisatorisch etwas falsch gelaufen war und an einem Sonntag auch nichts mehr auszurichten war, da ja auch Müllmänner ein Anrecht auf die sonntägliche Erholung haben, musste irgendwie eine Lösung her. Glücklicherweise hat eine der Helferinnen einen Lebenspartner, der eine Müllentsorgung betreibt.

Ein Anruf genügte und ihr Schatz, der Chef persönlich, sorgte dafür, dass das Basel Tattoo-Gelände von seinem Unrat befreit wurde.

Sind die Musiker mit Mikrophonen ausgestattet?

Ja, auch beim Basel Tattoo geht es nicht ohne die Technik. Aus diesem Grund werden einige der Musiker mit Mikrophonen ausgestattet.

Die Damen und Herren der Technik mischen den Ton dann so für die die Arena umgebenden Lautsprecher ab, dass Sie als Besucher nach Möglichkeit immer die ganze Gruppe möglichst gleichmässig hören. Wäre das nicht der Fall, dann wäre der Hörgenuss sicher nicht so, wie er sich mit der Technik darstellt.

Sie würden wahrscheinlich nur genau immer das eine Instrument hören, dass Ihren Ohren gerade am nächsten ist. Der technische Aufwand hierfür ist nicht zu unterschätzen. Jedenfalls war ich von dem ganzen Equipment, das dafür benötigt wird, mächtig beeindruckt.

Die Musiker, denen ein Mikrophon verpasst wird, müssen dieses rechtzeitig vor ihrem Einsatz von der Technik ausgehändigt bekommen und am Ende der Show wieder zurückgeben. Da kommt es schon mal vor, dass der eine oder andere Musiker das vergisst. Das finden die Verantwortlichen nicht so toll und sind dann hinter den Mikrophonen her, damit deren Akkus ihren Platz in der Ladestation finden.

Was machen die Formationen, wenn keine Show ist?

Wenn die Bands nicht mit Proben oder Exerzieren beschäftigt sind und keine Show ansteht, sind sie Touristen in der schönen Schweiz.

Es stehen Besichtigungen und Ausflüge auf dem Programm. Jeder Band ist ein Liaison Officer zugeteilt, der die Bands bei allen Belangen unterstützt. Auch hierbei handelt es sich um freiwillige Helfer, die es nicht immer leicht haben und deren Einsatz mit der Ankunft der Bands in Basel beginnt.

Gerade, wenn eine Band zum ersten Mal am Basel Tattoo auftritt und die Gepflogenheiten nicht kennt, kommt es hin und wieder zu Missverständnissen, die der Liaison Officer zu regeln hat. Zwar bekommt jedes Bandmitglied ein kleines, handliches Booklet, die „Production Derective", in dem alles Wissenswerte aufgeführt ist, dennoch bleiben hier und da Fragen offen.

In diesem Booklet stehen die wichtigsten Telefonnummern, Informationen über die anderen Bands, die Auftritte, Tagesabläufe, Essenszeiten, Hoteladressen, Verhaltensregeln und vieles mehr. Auch die wichtigsten Phrasen, die man/frau so zur alltäglichen Verständigung braucht, werden hier vom Englischen ins Deutsche übersetzt. So wichtige Phrasen wie „Ich habe Durst", „Ein Bier bitte" „Willst Du tanzen" oder „Schöne Schuhe".

Natürlich haben auch einige Mitglieder Freizeit, in der sie dann Basel auf eigene Faust erkunden oder im Rhein schwimmen gehen. Oder sie unternehmen Ausflüge mit ihren Familienmitgliedern, die ebenfalls nach Basel gekommen sind.

Einige Formationen bestehen schon mal ausschliesslich aus Kindern bzw. Teenagern, und da ist es auch schon vorgekommen, dass diese dann unter Heimweh leiden und der Liaison Officer alle Hände voll damit zu tun hat, solche Kinder zu beruhigen und zu trösten.

Womit wurde eine Formation bestraft?

Da es sich bei den Teilnehmern des Basel Tattoos in erster Linie um militärische Formationen handelt, kommt es aus den verschiedensten Gründen auch schon mal vor, dass die Musiker Strafen erhalten.

So ist es den Rekruten einer Formation ergangen, den Grund dafür haben sie allerdings für sich behalten. Die Strafe bestand darin, dass sie an einem Abend keinen Alkohol trinken durften. Nun könnte man annehmen, dass sich diese Soldaten also auf ihre Zimmer zurückgezogen hätten.

Doch sie haben bewiesen, dass man, um sich gut amüsieren zu können, keinen Alkohol braucht. Alle waren nach ihrem Auftritt in der Cast-Bar erschienen und haben sich trotz ausschliesslich alkoholfreier Getränke blendend unterhalten.

Ist bei den Formationen schon mal etwas Wichtiges verloren gegangen?

Wo viele Menschen sind, da geht natürlich auch mal etwas verloren, da ist es egal, ob es sich um Helfer, Besucher oder Mitwirkende handelt, die etwas verlieren. Nicht immer sind die verlorenen Dinge auch wichtige Dinge. Na ja, wenn ein Bandmitglied seinen Badge verliert, ist das schon ein wichtiges Ding, und es bedeutet für denjenigen einen kleinen Spiessrutenlauf, bis er einen Ersatz-Badge bekommt.

Wenn ich jetzt so darüber nachdenke… doch da gab es mal etwas recht Wichtiges, das einer Formation verloren gegangen war. Auf dem Transport nach Basel sind drei Sousaphone der Band verloren gegangen.

Was soll ein Musiker ohne Instrument anstellen? Der Auftritt der ganzen Band kann dadurch schiefgehen, bei Sousaphonen handelt es sich ja schliesslich nicht gerade um Instrumente, die nur im Hintergrund gespielt und kaum wahrgenommen werden.

Aber auch für dieses Problem wurde eine Lösung gefunden. Zum Glück ist das Sousaphon auch ein sehr beliebtes Instrument der Guggenmusiker. Sie wissen nicht, was ein Guggenmusiker ist?

Gut, dann schweife ich kurz ab, um Ihnen diesen Begriff zu erklären. Ich hoffe, Sie haben schon mal etwas von der Basler Fasnacht gehört? Ja? Gut, dort gibt es ja die verschiedenen

Cliquen, die Fasnachtsgruppen. Die Gruppen, die in erster Linie auf Blechblasinstrumenten spielen (mehr falsch und schräg als harmonisch), das sind die Guggenmusiker. Leider habe ich nicht herausfinden können, ob mit der Gugge die tütenähnlichen Instrumente gemeint sind, oder ob sich das Wort von den Larven, den Masken, die die Musiker tragen und früher aus Tüten hergestellt wurden, ableiten lässt. Oder ob es sich allgemein um die Blechblasinstrumente handelt, die Guuge genannt werden.

Ja, Sie haben recht, ich schweife zu sehr ab.

Also zurück zu dem Glück, dass eben genau diese Gruppen einige Sousaphone ihr Eigen nennen können. Eine solche Clique war sofort dazu bereit, mit ihren Instrumenten auszuhelfen.

Wer jetzt das Bild einer Guggenmusik vor Augen hat, weiss, dass diese Instrumente allerdings nicht einem Instrument gleichen, das in einem Orchester gespielt wird. Nein, ganz und gar nicht, diese Instrumente sind teilweise zerbeult und mit Aufklebern beklebt. Also wurden diese Instrumente auf mühsame Weise so hergerichtet, dass es keinem aufgefallen ist, dass diese Sousaphone im Frühjahr noch an der Basler Fasnacht teilgenommen hatten.

Oh, mir kommt noch das Bandmitglied in den Sinn, das eine Band einmal verloren, na ja, nicht wirklich verloren, eher vergessen hat. Ja, Sie haben richtig gelesen – Bandmitglied. Es ist tatsächlich passiert, dass eine Band nach dem Basel Tattoo abgereist ist und eines ihrer Mitglieder in Basel vergessen hat.

Ganz allein und wahrscheinlich verängstigt stand der junge Mann am Strassenrand und wartete auf den Bus, der ihn zum Flughafen bringen sollte, dumm nur, dass dieser schon lange weg war. Nein, natürlich steht er nicht mehr dort. Inzwischen dürfte er wohlbehalten bei seinen Kameraden angekommen sein.

Warum müssen Haustiere in die Tonne?

Wie, Sie haben das nicht gewusst, dass es beim Basel Tattoo extra Aufbewahrungsbehälter für die Haustiere gibt, in denen sie die Show lang abwarten, bis ihre Herrchen oder Frauchen wiederkommen? Sie haben es gemerkt, ich nehme Sie gerade auf den Arm. Sie haben selbstverständlich recht, es gibt natürlich keine Möglichkeit, seine Haustiere beim Basel Tattoo während der Show zu deponieren.

Es war an einem der ersten Tage eines Basel Tattoos, als ich in der Dining Hall, der eigentlichen Turnhalle der Kaserne, sass und mir das üppige Essen schmecken liess. Ich hatte mich an einen Tisch gesetzt, an dem auch einige fremdsprachige Musiker ihr Mittagessen einnahmen. Wir kamen ins Gespräch und unterhielten uns darüber, warum wohl so viele freiwillig hier arbeiten würden.

„Wir sind ja zum ersten Mal hier, aber die Schweizer Gastfreundschaft geniessen wir wirklich, alle hier sind so freundlich", bemerkte ein noch recht junger Musiker. „Aber eines verstehen wir nicht so ganz. Wir haben uns gefragt, was es mit den Tonnen für die Haustiere hier in der Dining Hall auf sich hat?", fragte er und zeigte auf die Mülltonnen, die an der einen Wand der Turmhalle aufgereiht waren, um den Müll, der beim Essen anfällt, aufzunehmen.

Zuerst verstand ich nicht ganz, was der Musiker meinte. Als ich mir jedoch die Mülltonnen genauer ansah, bemerkte ich, dass einige von ihnen mit „Pet" angeschrieben waren, da ja auch hier auf Mülltrennung geachtet wird.

Ich musste zum Erstaunen der Musiker, die schon alle gespannt auf meine Antwort warteten, laut lachen. Erst dachte ich, dass die Herren sich einen Scherz mit mir erlaubten, da ich aber in ernste Gesichter blickte, die offenbar die Welt nicht mehr verstanden, griff ich nach meiner Wasserflasche und reichte sie meinem Nachbarn mit dem Hinweis auf die drei kleinen Buchstaben „PET", die auf dieser zu finden waren.

„Wir sammeln in den Tonnen keine Haustiere, dort sammeln wir die leeren PET-Flaschen, die Plastikflaschen", erklärte ich immer noch lachend. Nun hatte auch der Musiker verstanden, dass es sich bei der ganzen Geschichte um ein Missverständnis bei der Übersetzung handelte und beim Basel Tattoo doch keine Haustiere in der Tonne landen. Mein Nachbar reichte die Flasche weiter, sodass nun alle es verstanden und sich gemeinsam mit mir über diesen Fauxpas amüsierten.

Wer hat die Übersichtstafel beschmiert?

Sie wissen nicht, was diese Frage soll? Klar, Sie können gar nicht wissen, worum es bei dieser Frage geht.

Es war bei einem der ersten Tattoos, die bei der Kaserne stattfanden. Das OK-Team des Basel Tattoos hatte grosse Plakate aufgehängt, die das ganze Basel Tattoo-Areal aus der Vogelperspektive zeigten. Sicher haben Sie selbst auch schon dort gestanden und nachgesehen, wo sich etwas befindet.

Wir standen neben einem solchen Plakat und genossen unseren Feierabenddrink. Waren wir doch schon seit den frühen Morgenstunden auf dem Gelände im Einsatz. Die Tattoo Street füllte sich mehr und mehr mit den Zuschauern und Schaulustigen. Wir hörten den Gesprächen der Besucher, die dieses Plakat betrachteten, aufmerksam zu: „Wo sind wir jetzt?", „Wo ist der richtige Eingang?", „Wo sind die Toiletten?"

Mithilfe des Plakates wollten die Besucher sich selber diese Fragen beantworten. Wir hatten das Treiben schon eine Weile beobachtet, als ein Helfer plötzlich meinte: „Ich bin gleich wieder da", und auch schon Richtung Werkstatt verschwand. Als er mit dicken Edding-Schreibern bewaffnet wiederkam, erahnten wir anderen schon, was er vorhatte.

Als Erstes malte er einen grossen roten Punkt auf das Plakat, genau an die Stelle, die unseren jetzigen Standort bezeichnete. Daneben schrieb er „Sie sind hier" und er nahm noch ein paar weitere Änderungen an dem Plakat vor. Das hatte zur Folge, dass sich die Besucher weniger lang davor aufhielten, da nun alle ihre Fragen mit einem Blick auf das Plakat beantwortet waren.

Klar, nun sah das Plakat nicht mehr so professionell aus, aber es erfüllte seinen Zweck viel besser als vor der künstlerischen Nachgestaltung durch den Helfer. Später erfuhren wir, dass es deswegen wohl grosses Theater gegeben hatte. Welcher Schmierfink hatte auf dem Plakat rumgekritzelt?

Jedenfalls konnte ich zu einem späteren Zeitpunkt beobachten, ich hatte gerade meinen Posten im Badge-Container bezogen, wie das Plakat durch die Designfirma durch ein neues ersetzt wurde. Auch der „Schmierfink" hatte es beobachtet und kam daraufhin zu mir, um mich darauf aufmerksam zu machen.

Als das neue Plakat endlich hing, liess er es sich nicht nehmen nachzusehen, ob sich an dem Plakat etwas geändert habe. Und siehe da: Tatsächlich waren einige seiner Änderungen, nun natürlich professionell, vermerkt worden. So schnell wurde noch keiner unserer Verbesserungsvorschläge umgesetzt.

Ab und zu frage ich mich, ob das Plakat auch geändert worden wäre, wenn der gewisse Helfer, statt selbst Hand anzulegen, seine Vorschläge im Büro vorgetragen hätte. Auf diese Frage werde ich wohl nie eine Antwort bekommen.

Warum hatte ein Basel Tattoo-Angestellter ein Problem mit seinem Fahrrad?

Wahrscheinlich sollte ich diese Frage besser nicht beantworten, da es ja hier in erster Linie nicht um die Helfer geht. Aber diese waren an dem Phänomen nicht ganz unbeteiligt.

Während des Aufbaus und auch morgens, wenn alles wieder für einen neuen Basel Tattoo-Tag von den Helfern vorbereitet wird, herrscht ein reges Treiben vor und auf dem Basel Tattoo-Gelände.

Da muss Müll entsorgt werden, da wird Material herumgefahren und getragen. Die Kühlschränke der Cliquen und Vereine werden wieder gefüllt und das Material in den Lagern aufgestockt.

Da wird also viel gelaufen, aber auch viel mit den Gabelstaplern umhergefahren. Es ist nur logisch, dass alles, was da im Weg steht, den Arbeitsablauf gehörig stört.

Damit also nichts im Weg steht, wurde es verboten, sein Fahrrad im Lieferbereich abzustellen. An dieses Verbot hielten sich auch alle Helfer und Basel Tattoo-Angestellten, ausser eben der eine Angestellte, der wohl der Meinung war, dass dieses Verbot für ihn nicht gelten würde.

Immer wieder stand sein Fahrrad im Weg, es nütze auch nichts, wenn die Helfer das Rad beiseite stellten. Sobald der Herr wieder mit seinem Fahrrad unterwegs gewesen war, stellte er es wieder dort ab, wo es zum Hindernis für die Helfer wurde.

Nachdem die Helfer das Rad nun schon einige Male weggeräumt hatten, überlegten sie sich, wie es dem Herrn wohl beizubringen sei, dass er sein Gefährt woanders parkt.

Die erste Idee war, das Rad hoch oben an dem Gerüst über dem Eingang zu befestigen. Diese Idee wurde allerdings wieder verworfen, da sich das Rad eventuell von selbst lösen könnte und dann womöglich einem Helfer auf den Kopf gefallen wäre.

Wobei die Vorstellung von einem Fahrrad hoch oben über dem Eingang jedem gefiel. Aber die Helfer sind ja kreativ, und das nicht nur bei ihrer Arbeit. Kurzerhand wurde die Kette des Rades mit zwei Kabelbindern fest zusammengezurrt.

Als dann der unbelehrbare Herr mit seinem Rad wieder davonfahren wollte, verweigerte das Hinterrad seinen Dienst und das Rad blieb einfach stehen. Das zwang natürlich seinen Fahrer, der schon auf das Rad aufgesprungen war, dazu, seinen Drahtesel rasch wieder zu verlassen.

Für die Umstehenden war dieser Anblick sehr lustig und für den Herrn so unangenehm, dass er sich dazu entschloss, sein Fahrrad für die restliche Zeit des Basel Tattoos woanders zu parken.

Wo wir gerade dabei sind und von Dingen, die im Weg stehen, reden: Es ist nicht nur so, dass Gegenstände in den Weg gestellt werden. Es kommt dann auch schon mal vor, dass es jemanden gibt, der eigentlich dafür sorgen soll, dass nichts und niemand den Helfern beim Aufbau im Weg steht; dass dieser dann aber so gespannt dem ganzen Treiben zusieht und so fasziniert davon ist, dass er seine Aufgabe völlig vergisst und selbst zum Hindernis wird.

Warum fällt schon mal der Strom in der Tattoo Street aus?

Wie, das haben Sie mitbekommen, dass die Tattoo Street schon mal im Dunkeln lag? Dann erinnern Sie sich sicher auch daran, dass es an diesem Tag geregnet hatte.

Jetzt kombinieren Sie schon? Regen und Strom ergibt einen Kurzschluss. Ja und Sie haben recht, es war der Regen, der da zu einem Kurzschluss geführt hat.

Allerdings muss ich hier deutlich sagen, dass nicht etwa die Elektrofirma schlechte Arbeit geleistet hätte, die für die Stromversorgung der Tattoo Street gesorgt hat. Nein, deren Arbeit war perfekt.

Es ist nur so, dass die Zelte ja, wenn dort Kühlschränke drinstehen und auch sonstiges Gerät, das für die Zubereitung der Speisen benötigt wird, schon recht voll sind. Wenn dann auch noch die Mitglieder der Cliquen und Vereine, die ihre kulinarischen Köstlichkeiten verkaufen, im Zelt stehen, dann wird es da schon mal richtig eng.

Was machen also die Cliquen und Vereine dann? Sie schieben das, was sie für unentbehrlich halten, aus dem Zelt hinaus. Das geht ja auch prima, vor allem an der Rückwand des Zeltes, da stören die Sachen auch niemanden. Klar, dass sie nicht im Geringsten daran dachten, eines der elektrischen Geräte nach draussen zu schieben, so schlau sind sie dann doch. Aber der Elektroverteilerkasten wird dann eben nicht mit der

199

nötigen Vorsicht behandelt. Das Ding ist ja schliesslich ein geschlossener Kasten, in dem nur ein paar Kabel stecken, der kann ruhig aus dem Weg und ins Freie geschoben werden.

Nein, das kann er eben nicht, es hat schon seinen Grund, warum diese Kästen ohne Ausnahme in den Zelten stehen. Leider findet das Wasser, wenn es eine gewisse Zeit lang auf den Verteilerkasten tropft, immer einen Weg an den Kabeln entlang in das Innere des Kastens, wo es dann kurzerhand für einen Kurzschluss sorgt und der Tattoo Street ein romantisches Flair verpasst.

Dann muss der Elektriker gerufen werden, der zum Glück immer einen Pikettdienst im Einsatz hat, damit der Schaden möglichst schnell wieder behoben wird. Dieser weiss inzwischen, bei welchen Verteilerkästen er als Erstes nach dem Schaden suchen muss: bei denen, die mal wieder ungeachtet aus einem Zelt geschoben wurden.

Warum schmeckt das Wasser nach der Parade immer nach Bier?

Wie ich Ihnen ja schon erzählt habe, wird für uns Helfer alles getan, damit wir bei Kräften bleiben. Dazu gehören auch die vielen Wasserspender, die auf dem ganzen Gelände verteilt sind. Ach, Ihnen sind die bereits aufgefallen? Ja, genau, die meine ich.

Diese sind übrigens nur für Mitglieder des Basel Tattoos. Für unsere Gäste gibt es eine grosse Auswahl an Getränken in der Tattoo Street. Wie gesagt, für genügend Wasser ist während des ganzen Basel Tattoos gesorgt, sei es aus den besagten Spendern oder in Form von Flaschen. Ich muss zugeben, dass ich selten so viel Wasser trinke wie in der Zeit des Basel Tattoos.

Aber nun komme ich zurück auf die Frage. Ja, immer nach der Parade schmeckt das Wasser nach Bier, und warum das so ist, ist schnell beantwortet.

Wie Sie ja sicher wissen, findet immer eine Basel Tattoo-Parade durch die Basler Innenstadt statt. Hier nehmen nicht nur alle Musiker teil, die auch in der Show auftreten, nein, es kommen viele Formationen extra zu diesem Ereignis nach Basel gereist. Das hat zur Folge, dass die Parade eine beträchtliche Grösse erreicht und dementsprechend lange dauert.

Als kleines Dankeschön werden den Teilnehmern im Anschluss an die Parade auf dem Basel Tattoo-Gelände alkoholfreie Getränke, Eis und Bier ausgegeben. Da natürlich auf Flaschen verzichtet wird, wird das Bier in Fässern geliefert. Zum Ausschenken benutzen wir dann dieselben Spender, die eigentlich unserer Wasserversorgung dienen. Nach zwei Stunden ist dann ja auch schon wieder alles vorbei. Aber ist erst einmal Bier durch eine Leitung gelaufen, braucht es schon ein paar Liter Wasser, bis davon nichts mehr zu merken ist.

Nach der Parade bin ich also immer darauf gefasst, dass das Wasser einen Beigeschmack hat. Wer das gar nicht mag, holt sich halt Wasser in der Flasche, wenigstens so lange, bis genügend Wasser den Rhein hinuntergeflossen ist, äh, ich meine natürlich, durch die Leitung geflossen ist.

Was ist, wenn das Wasser ständig nach Bier schmeckt?

Ja, was soll ich sagen? Dass das Wasser beim Basel Tattoo nach Bier schmecken kann, habe ich ja bereits erläutert. Allerdings gab es auch einmal den Fall, dass das Wasser nicht nur nach Bier schmeckte, sondern auch so aussah.

Die Antwort ist ganz einfach. Wenn das Wasser ständig nach Bier schmeckt, dann ist es Bier. Aus Versehen hatte offenbar der Wasserlieferant ein Bierfass in der Wasserlieferung. Das Fass war als Wasser gekennzeichnet, also wurde es von dem zuständigen Helferteam an einem Wasserspender angeschlossen. Ich hoffe für den Wasserlieferanten, dass ihm das nicht öfters passiert, das wäre wirklich sehr günstiges Bier.

Gab es schon echte Unannehmlichkeiten?

Oh ja, die gab es wirklich einmal. Es ist noch gar nicht so lange her, dass drei Mitglieder einer ausländischen Militär-Band in ihrer Freizeit ins Grossbasel gingen, um sich dort in einem grossen Elektrogeschäft umzusehen.

Leider blieb es nicht beim Umsehen. Einer der drei hatte so grosses Interesse an einem Kopfhörer, dass er versuchte, diesen ohne zu bezahlen mitzunehmen, wobei er natürlich aufflog. Alle drei wurden also in Gewahrsam genommen und verweigerten die Aussage, als sie nach ihrer Herkunft und ihrem Namen gefragt wurden.

Es war schon eine grosse Dummheit zu stehlen, dann aber noch zu meinen, dass die Geschäftsangestellten ebenfalls so dumm seien, dass diese die Badges, die die drei um die Hälse trugen, übersahen, war äusserst blöd. Natürlich wurden sofort die entsprechenden Leute des Basel Tattoos über diesen Umstand informiert, genauso wie der Bandleader der Band, der die drei angehörten.

Weder für den Langfinger noch für die beiden Mitläufer war weiterhin das Basel Tattoo angesagt. Alle drei wurden schnurstracks von der Bandführung in ihre Heimat geschickt.

Gerüchten zufolge wurden sie auch unehrenhaft aus der Armee entlassen, aber das entzieht sich meiner Kenntnis. Auf jeden Fall waren bei allen folgenden Shows, und das waren fast noch alle, drei leere Plätze in der Formation dieser Band zu sehen. Wirklich schade, dass so etwas vorkommt. Vielleicht war das Überangebot an Elektroartikeln einfach zu verlockend für diesen Soldaten.

Es gab noch etwas Unangenehmes, aber das hat niemand mitbekommen.

Als ich mich eines Nachts, es war schon sehr spät, durch Basels beinahe leere Strassen zu Fuss auf den Heimweg machte, sah ich mitten auf dem Gehweg einen Mann stehen, der doch tatsächlich gegen die Häuserwand pinkelte und wirklich sehr stark betrunken war.

Das hätte mich nicht wirklich gestört, wenn dieser Mann nicht ein Basel Tattoo-Cast-Shirt angehabt hätte. Das musste ja nun wirklich nicht sein. Ich ging also zu dem jungen Mann hinüber und fragte ihn, ob es nicht an der Zeit wäre, in sein Hotel zu gehen. Er erklärte mir, dass er es nicht finden könne und den Namen habe er auch vergessen.

Zum Glück wusste er noch, bei welcher Band er war, und ich wusste, in welchem Hotel die Band untergebracht war. Bereitwillig liess sich der nun sehr müde Soldat von mir zu seinem Hotel bringen, in das er dann auch ganz schnell und sich immer wieder bedankend verschwand. Das Hotel war nur ein paar Häuserblocks entfernt. Heute, so wette ich, weiss er davon sicher nichts mehr.

Gibt es etwas, was Dich besonders berührt hat?

Oh ja, das gibt es sogar jedes Jahr, das ist die Show selbst, die berührt mich immer wieder, mal mehr oder weniger stark.

Aber das war sicher nicht das, was Sie hören wollten. Ja, es gab schon etwas, das mich wirklich sehr berührt hat, und zwar war es in meinem allerersten Jahr, in dem ich am Basel Tattoo dabei war.

Bei diesem Basel Tattoo ist das Drillteam einer königlichen Majestät aufgetreten. Eine echte Augenweide, wenn diese jungen Männer ihr Programm mit einer derartigen Präzision abspulen, die ihresgleichen sucht. Ich war als Helfer im Einsatz und stand vor einem der Arenaausgänge, durch die die Bands die Arena verlassen. Das Drillteam war gerade fertig mit seiner Darbietung und kam aus der Arena marschiert.

Die Arena tobte, der Beifall und das Fussgestampfe der Zuschauer waren ohrenbetäubend. Trotz des fahlen Lichtes konnte ich erkennen, dass einem der Soldaten eine Träne leise die Wange hinunterkullerte. Dieser Moment hat mich wirklich bewegt, der Moment, der mich erkennen liess, dass trotz der ganzen militärischen Härte die Emotionen bei diesen Männern doch ab und zu einen Weg in die Freiheit fanden. Ein Moment, der mir bestätigte, dass es sich auf jeden Fall lohnt, freiwillig hier zu sein.

Auch hat es mich berührt, dass die japanische Tanzgruppe, die nur aus recht jungen Mitgliedern bestand, trotz des gerade erst schweren Erdbebens in Japan den Weg nach Basel auf sich genommen hatte. Ein Umstand, der nicht nur mich berührte. Alle Helfer wollten diesen jungen Leuten eine Freude machen und haben deshalb für diese Gruppe gesammelt.

Zusammen mit einem grossen Banner, auf dem jeder Spender unterzeichnet hatte, wurde dem Team ein doch beträchtlicher Geldbetrag überreicht.

Wo wir gerade bei den Japanern sind. Ich sass eines Nachmittags in unserer Dining Hall und ass zu Mittag, als ich beobachtete, dass einer der Japaner immer wieder aus der Dining Hall verschwand, um gleich darauf wieder hereinzukommen und sich seinen Badge von einer japanischen Zivilperson wiedergeben zu lassen, die offenbar gerade mit diesem Badge hereingekommen war.

Ich beobachtete das Treiben eine Weile und nachdem der junge Mann offenbar seine ganze Familie eingeschleust hatte, die nun alle um einen Tisch herum platzgenommen hatten, ging ich zu ihnen hinüber, nahm mir den Jungen beiseite und erklärte ihm, dass das nicht gehen würde, auch wenn er nur aufgrund dessen, dass er eindeutig als Bandmitglied durch das Tragen seiner Uniform ohne Badge hereingelassen werde, seinen Badge nicht einfach weitergeben könne.

Natürlich war es dem Jungen unangenehm und er erklärte mir, dass er es nur getan habe, weil es doch so stark regnete. Sie hätten sicher nicht vorgehabt, alle hier umsonst zu essen. Ich glaubte ihm, es regnete wirklich dermassen, dass man keinen Hund vor die Tür gejagt hätte.

Für mich war der Fall dann auch erledigt, nicht aber für den Vater des Jungen. Dieser kam, nachdem sein Sohn ihm wohl erklärt hatte, dass sie aufgeflogen seien, zu mir, um mir immer wieder aufs Neue zu erklären, sie hätten nicht umsonst essen wollen, sondern nur vor dem Regen Schutz gesucht.

Ich weiss nicht, wie oft ich ihm gesagt habe, dass ich ihm glauben würde und sein Sohn deshalb keine Schererreien bekommen werde, gefühlte 100 Mal waren es bestimmt. Jetzt weiss ich, wie sich ein Japaner verhält, der Angst hat, sein Gesicht zu verlieren.

Auch ist mir wieder einmal klar geworden, dass für uns andersartige Menschen offenbar alle gleich aussehen, sonst hätte die Familie es sicher nicht geschafft, mit demselben Badge in die Dining Hall zu gelangen.

Hat sich das Basel Tattoo mit der Zeit verbessert?

Ob sich das Basel Tattoo mit der Zeit verbessert hat, kann ich so nicht sagen. Es hat sich mit Sicherheit verändert. Die Shows sind immer wieder anders und kaum miteinander zu vergleichen.

Wo sich vieles verbessert hat, ist sicher in der Organisation. Das liegt in der Natur der Sache: Je länger man etwas macht, umso besser wird man darin.

Ich denke, dass auch viele der Helfer daran teilhaben. So weiss ich zum Beispiel, dass Erik und sein Team jedes Jahr wieder aufs Neue viele Briefe der Helfer und Teams bekommen, in denen es von Verbesserungsvorschlägen nur so wimmelt. Teilweise werden die recht schnell umgesetzt, ab und zu dauert es ein wenig länger.

Und es gibt sicher auch viele Vorschläge, die nicht angenommen werden.

An dieser Stelle fallen mir noch so einige Dinge ein, die man organisatorisch noch verbessern könnte, aber da ich weiss, dass diese Vorschläge schon Gehör bei Erik gefunden haben, möchte ich hier nicht weiter darauf eingehen und einfach darauf hoffen, dass ich dann doch noch eines Jahres erfreut feststellen werde, dass sie berücksichtigt wurden.

Etwas, das ich als sehr positive Verbesserung sehe, ist der Wechsel von den Chemie-Klo-Häuschen zu den WC-Wagen, in dem Zusammenhang auch, dass nun ein professionelles Team für die regelmässige Reinigung der Toiletten zuständig ist, das seine Aufgabe wirklich hervorragend ausführt.

Auch wird das Gelände jetzt von einem Sicherheitsdienst bewacht.

Und beim Aufbau der Tattoo Street stellt der Zeltlieferant nun Personal für den Aufbau zur Verfügung, was am Anfang auch nicht der Fall war. Da mussten die Helfer alle Zelte alleine aufbauen.

Ebenfalls hat es sich verbessert, dass die Programmverkäufer Einkaufs-Trolleys für die Programme bekommen haben und diese nicht mehr selbst tragen müssen.

Auch fällt mir die Treppe zu den Sky-Boxen ein, die am Anfang noch eine steile Herausforderung für die Gäste der Sky-Boxen darstellte. Heute ist die zu bezwingende Höhe zwar nicht geringer geworden, aber die Treppe windet sich nun zu den Sky-Boxen hinauf, sodass das Erklimmen einem nicht mehr ganz so schwierig vorkommt. Auch kann man auf den Zwischenpodesten eine Pause einlegen und das bunte Treiben zu seinen Füssen beobachten.

Als Verbesserung sehe ich auch, dass wir Helfer inzwischen drei statt wie am Anfang nur zwei Shirts bekommen. So ist die Logistik mit den Shirts nicht mehr ganz so schwierig. Ist man nämlich jeden Tag im Einsatz, verlangen die Shirts ja auch mal nach einer Wäsche, und da man am nächsten Tag wieder ein Shirt braucht, ist das mit drei Shirts einfacher zu händeln.

Bei Shirts erinnere ich mich auch gerade an das eine Jahr, in dem wir Shirts bekamen, deren Druck leider sehr zu wünschen übrig liess. War das Shirt einmal in der Wäsche gewesen, war der Aufdruck auf dem Shirt-Rücken schon beinahe verschwunden und auch die Farbe des Shirts war heller als vor dem Waschen.

Das fanden wir natürlich alle sehr schade, vor allem die Helfer, die ihre Shirts als Sammlerobjekte betrachten, während das Shirt in diesem Zustand natürlich nicht mehr unbedingt einen guten Eindruck machte.

Aber, Sie werden es kaum glauben, es ist doch tatsächlich passiert, dass ich einige Wochen später, nachdem das Basel Tattoo schon lange Vergangenheit war, ein neues, frisch bedrucktes Shirt in meinem Briefkasten fand. Erik hatte es sich nicht nehmen lassen, den Missstand zu korrigieren – schöne Idee.

Auch ist mir aufgefallen, dass die CD mit den Mitschnitten des Basel Tattoos verbessert wurde. In den ersten Jahren hatte es mich immer geärgert, dass auf der CD nie die Bands notiert waren, die auf der CD zu hören waren. Da half es dann nur, wenn man das Programm kannte bzw. hatte. Heute ist das anders, heute sind die Interpreten aufgeführt.

Dabei fällt mir auch ein, dass sich da für uns Helfer auch etwas verbessert hat. Jeder Helfer bekommt ja als Dankeschön unter anderem die Basel Tattoo-DVD des aktuellen Jahres.

Nun ist es aber so, dass es viele Paare gibt, die zusammen am Basel Tattoo helfen. Das hat zur Folge, dass diese dann immer zwei DVDs hatten. Inzwischen dürfen wir uns aussuchen, ob wir die DVD nehmen oder die Musik-CD. Dies ist nun ein echter Vorteil für die Paare.

Stimmt es, dass das Basel Tattoo nach Zürich verlegt werden sollte?

Ja, das ist richtig, jedenfalls wurde es so einen Tag lang im Radio berichtet. Erik hatte von dem ganzen politischen Theater, das es rund um das Basel Tattoo gab, die Nase so voll, dass er sich entschlossen hatte, das Basel Tattoo kurzerhand nach Zürich zu verlegen.

Natürlich war der Aufschrei der Basel Tattoo-Gemeinde gross. Gleichzeitig mit der Nachricht wurde ein Appell gestartet, dass doch alle, die sich für den Verbleib des Basel Tattoos in Basel einsetzen wollen, sich ab 14:00 Uhr vor der Kaserne einfinden sollten. Man wollte gegen den Entscheid Unterschriften sammeln.

Auch ich dachte mir: Ist ja nett, dass die Helfer über das Radio davon erfahren, warum werden die nicht offiziell darüber informiert? Können wir jetzt überhaupt noch helfen, ich fahr doch nicht jeden Tag nach Zürich! Das war es dann wohl, das Basel Tattoo-Helferdasein hatte ein Ende. Allerdings konnte ich die Entscheidung auch verstehen, was da so an Streitereien rund um das Basel Tattoo in der Öffentlichkeit ausgefochten wurde, war eher in einem Kindergarten anzusiedeln und liess mich nur den Kopf schütteln.

Ich wollte es eigentlich nicht glauben, dass das Basel Tattoo nach Zürich geht, hatte mich aber schon beinahe mit dem Gedanken abgefunden, dass es ab sofort kein Tattoo mehr in Basel geben würde, als mein Blick auf den Kalender viel. Ich lächelte und war mir sicher, dass ich soeben auf einen April-scherz hereingefallen war – ich fand das sehr lustig.

Viele andere haben den Blick auf den Kalender versäumt und sind daher in grosser Zahl auf dem Kasernenareal erschienen, um ihre Unterschrift für den Erhalt des Basel Tattoos in Basel abzugeben. Da dieser 1. April ein Ostermontag war, hatten genügend Basel Tattoo-Anhänger Zeit, um den Weg zur Kaserne auf sich zunehmen. Dort wurden sie dann aufgeklärt. Damit aber keiner den Weg umsonst auf sich genommen hat, wurden alle für ihre Unterstützung mit Tickets belohnt.

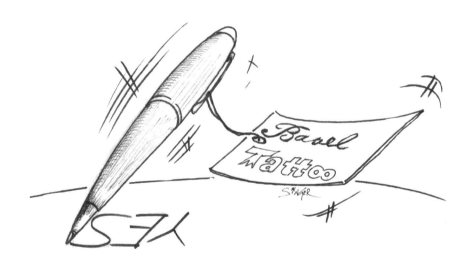

Sind beim Basel Tattoo auch Beziehungen entstanden?

Wenn an einem Ort, wo so viel Menschen aufeinander treffen, keine Beziehungen entstünden, dann, so würde ich behaupten, dann würde mit diesen Menschen sicher etwas nicht stimmen.

Bei den Helfern sind in all den Jahren so einige Beziehungen angebahnt worden, aber auch einige wieder entzweigegangen. Es gibt auch inzwischen Basel Tattoo-Ehen unter den Helfern, genauso wie es nun, nach beinahe neun Jahren, auch schon Basel Tattoo-Kinder gibt.

Aber das Aufblühen von Beziehungen beschränkt sich natürlich nicht nur auf die Helfer des Basel Tattoos. Gerade erst im letzten Jahr wurde einer Teilnehmerin einer Formation, die sich immer aus anderen Mitgliedern zusammensetzt, während der abendlichen Hauptprobe vor vollen Rängen der Arena ein Heiratsantrag gemacht. Der mutige Herr, ebenfalls ein Mitglied dieser Formation, hatte einige Jahre zuvor seine Auserwählte bei einem Auftritt am Basel Tattoo kennengelernt.

Bei einem solchen Antrag war die Rührung auf beiden Seiten gross, und die Dame hat dann auch unter dem Applaus der gesamten Arena „Ja" gesagt.

Wie kam die Tote in die Arena?

Oh ha, ja, das ist eine gute Frage, die sicher nie genau beantwortet werden kann. Auch das hat es schon gegeben, eine Tote in der Basel Tattoo-Arena. Lassen Sie uns zu dem Zeitpunkt zurückkehren, an dem die Tote in der Arena entdeckt worden war. Es war früh am Morgen, die Helfer wollten gerade mit den Aufräumarbeiten in der Arena beginnen.

Die beiden Helfer, der eine gross und schlank, der andere eher klein und rund, blickten hinab auf die Tote, kein schöner Anblick, wie sie so dalag. Mit zerschmetterten Knochen lag sie auf dem Rücken, der Kopf war unnatürlich verdreht. Die weit aufgerissenen Augen starrten mit leerem Blick ins Nichts. Am Hinterkopf klaffte eine grosse Wunde, aus ihr sickerte das Blut, das schon eine Blutlache gebildet hatte, die doppelt so gross wie der Kopf war.

„Sollen wir die Spurensicherung alarmieren?", fragte der Schmächtigere von den beiden mit zweifelhaftem Ernst. „Was sollen hier für Spuren gesichert werden?", fragte der andere. „Der Fall ist doch klar, sie ist aus grosser Höhe, mit dem Kopf voran, auf den Arenaboden aufgeknallt." „Ja, das sehe ich auch, aber wie?"

Beide blickten suchend in den Himmel über ihnen, aber da war nichts, nur das tiefe Blau des Morgenhimmels. Ein Milan drehte kreischend seine Runden. „Sind Milane eigentlich Aasfresser?", wollte der Dicke wissen „Keine Ahnung", antwortete der Grosse, er mochte sich den Anblick, wie ein

Aasfresser sich über die Tote hermachen würde, gar nicht erst vorstellen, dennoch tauchten diese furchtbaren Bilder vor seinem geistige Auge auf.

Um sich von diesen Bildern abzulenken, begutachtete er die Tote nun genauer. „Noch recht jung, ist wohl gerade erst flügge geworden." „Ja, da hast du wohl recht, nicht gerade eine Schönheit", bemerkte der andere. „Sie trägt keinen Ring, das ist gut, so müssen wir niemanden informieren. Aber wie ist sie wohl hierhergekommen?", bemerkte der Kleine, während er sich seine violetten Einmalhandschuhe überstreifte.

Er ging in die Knie und betrachtete die Tote nun etwas genauer. Vorsichtig tastete er ihren Körper ab. „Da ist wohl jeder Knochen gebrochen", stellte er fest. „Das sieht man doch, dazu hättest du sie nicht anzufassen brauchen, aber wenn du schon mal dabei bist, dreh sie doch mal um."

Vorsichtig folgte dieser der Aufforderung seines Kollegen. Behutsam drehte er den leblosen Körper über seine rechte Flanke auf den Bauch. Der Hals gab ein knöchernes Knacken von sich, als der Kopf der Drehung folgte. „Igitt", entfuhr es ihm, „sieh dir das mal an, sie hat tiefe Wunden über den ganzen Rücken verteilt, wie von Krallen."

„Puh, das ist kein schöner Anblick", bestätigte der Grosse.

"Aber jetzt ist der Fall klar!", meinte er. „Ja, ich denke auch, ich weiss, wie sie hierhergekommen ist", erwiderte der Dicke und kam aus der Hocke wieder nach oben, er streckte seine Beine und sein Blick folgte wieder dem Milan, der immer noch über der Arena seine Kreise zog. „Sie hat wahrscheinlich ihre ersten Flugversuche gemacht, wobei der Milan sie erwischte. Irgendwie ist es ihr dann gelungen, sich aus seinen Fängen zu befreien, konnte aber nicht mehr fliegen und ist dann jämmerlich am Boden zerschellt."

Während der andere zustimmend nickte, hatte sich ein weiterer Helfer zu ihnen gesellt. „Was diskutiert ihr da noch lange? Wollt ihr nicht endlich mal die tote Taube entsorgen?"

Epilog

Nun, lieber Leser, haben Sie tiefe Einblicke in die kleine Welt des Basel Tattoos erhalten. Die Einblicke waren Ihnen nicht tief genug, Sie haben da noch ganz andere Geschichten gehört, die angeblich beim Basel Tattoo passiert sind? Ja, sicher, das kann sein, dass es so ist. Aber es gibt halt Dinge, die plaudert man besser nicht aus.

Auch ist es doch viel interessanter, wenn das Basel Tattoo weiterhin von kleinen Geheimnissen umgeben bleibt.

Mir bleibt nun zu hoffen, dass das Basel Tattoo auch weiterhin ein fester Bestandteil der Basler Kulturszene sein wird und ich noch lange mit anhaltender Freude dabei sein kann.

Ich habe Sie völlig falsch eingeschätzt, Sie gehören zu keiner der Leserkategorien, die ich am Anfang dieses Buches aufgezählt habe, oder? Du gehörst, lieber Leser, zu den Mitwirkenden, die ebenfalls dazu beitragen, dass das Basel Tattoo Jahr für Jahr ein grosser Erfolg war und sein wird. Sicher hast Du viele Dinge, die hier beschrieben sind, schon gewusst.

Ich weiss, dass Ihr unsere Arbeit zu schätzen wisst und die Betreuung durch uns geniesst. Nicht selten habe ich von Euch zu hören bekommen, dass Ihr sehr gerne nach Basel kommt und dass das Basel Tattoo, was die Betreuung angeht, mit keinem anderen Festival vergleichbar ist. Ich denke, dass Ihr Euch diese Betreuung auch verdient habt.

Denn ich – und wahrscheinlich sind es auch viele der anderen Helfer – bin mir darüber im Klaren, dass Du, sofern Du der Verteidigungsinstitution eines Landes angehörst, durchaus nicht nur Dein Instrument spielst, sondern es leider auch häufig genug mit einer Waffe tauschen und Dein Leben für den Frieden auf Erden einsetzen musst.

Könnten Kriege, wenn sie denn unbedingt nötig sind, doch mittels der Musik ausgefochten werden.

221

Petra Harr

Serina
und des Geiselnehmers
der
Hilferuf

BERVERBET

gedruckt in der schweiz

Ebenfalls im BERVERBET Verlag erschienen:

Serina und der Hilferuf des Geiselnehmers

von Petra Harr

ISBN: 978-3-9524394-0-1

Serina staunt nicht schlecht, als eines Morgens drei US-Soldaten an ihrem Arbeitsplatz auftauchen, um sie mit in die USA zu nehmen.

Das allein war schon aussergewöhnlich genug, aber dass sie dann auch noch die Reise als Soldatin verkleidet antreten sollte, war geradezu grotesk.

Der Grund für diese Maskerade: Sam, ein ehemaliger GI der US-Streitkräfte, der vor dem Golfkrieg Serinas grosse Liebe war. Serina soll bei der Geiselnahme in einem amerikanischen Kindergarten als Vermittlerin helfen, da kein anderer als Sam der Geiselnehmer ist. Alle bisherigen Vermittlungsversuche waren gescheitert.

Zwar weiss Serina nicht, wie ausgerechnet sie hier helfen kann, dennoch versucht sie sich als Vermittlerin und gerät in eine sonderbare Geschichte, in die FBI und Militär verwickelt sind.

223